DU MÊME AUTEUR

Jouer juste, *Verticales, 2003.*

Dans la diagonale, *Verticales, 2005.*

Un démocrate, Mick Jagger 1960-1969, *Naïve, 2005.*

Entre les murs, *Verticales, 2006 ; prix France Culture-Télérama 2006 ; Folio, 2007.*

Une année en France *(avec Arno Bertina et Oliver Rohe), Gallimard, 2007.*

fin de l'histoire

françois bégaudeau

fin de l'histoire

verticales | phase deux

Elle. Est. Arrivée. En. Avance. Elle est arrivée en avance, dérogeant au protocole tacite qui veut qu'en ces circonstances celui ou celle qu'on attend se fasse attendre, le faible est demandeur le fort régule l'offre – elle, pas de ce pain-là. Modeste ni immodeste : démocrate. Si chacun vaut chacun elle vaut chacun elle est une star, si chacun vaut chacun elle ne vaut pas mieux que chacun elle est un caillou. Étoile et poussière, tête haute profil bas, déteste le pinacle autant que le pilori. Jamais impressionnée, jamais impressionner. Crépitée par cinquante flashes en ce moment, ok il le faut bien, sa brûlante actualité veut ça, mais un peu voûtée sur son assise elle compense.

Voûtée parce qu'on ne lui a pas appris à bien se tenir. Pas le genre de la maison où elle est devenue ce qu'elle était. Plus sûrement on lui recommandait de ne pas, elle aurait trop l'air d'une femme, de ce que prenant une voix de braguette mystique les hommes appellent une femme, et au début c'est tentant, c'est flatteur, on se sent gratifiée, on endosse le costume, on passe la robe les hanches les talons les cheveux tout ce qu'on veut, tout l'attirail que du reste elle ne réfute pas en bloc, pendentifs coquets scintillants sous les projecteurs aujourd'hui, lunettes de soleil relevées en serre-tête pour ne pas offrir aux caméras leur propre reflet, apprêtée pour plaire et pour donner un minimum de gages, dissiper la suspicion de camionneuse, l'absence d'effets se voit comme un camion au milieu de la figure et alors on ne l'écouterait plus qui est venue parler.

Le minimum donc pour se faire entendre, un peu de rouge un peu de lèvres, elle est arrivée en avance comme à ses premières boums et s'est posée là devant un parc de chaises, accoudée à la table nappée d'un tissu noir qui tient lieu de démarcation entre la supposée étoile qui pontifie et les supposées poussières qui auditoirent. Derrière elle, un grand panneau où se répète comme motif de tapisserie le nom du club qui accueille cette performance prononcez à l'américaine. C'est la scénographie conventionnelle, elle s'y plie sans broncher bien qu'elle l'eût volontiers foutue en l'air tout à l'heure en arrivant, volontiers fait valdinguer cette table de banquet et la grappe de micros estampillés qui lui chatouillent maintenant le menton. Nouvelles dispositions d'esprit = nouveaux dispositifs, elle parlerait debout, d'homme à homme, affrontant en pied l'assistance, à voix et mains nues, elle le peut, elle a du coffre on l'a entendu à l'aéroport trois jours avant, il lui tarde d'en refaire la démonstration prononcez à l'américaine, c'est pour ça qu'elle est en avance dérogeant au protocole, se demandant qu'est-ce qu'on attend ? sous sa joviale placidité.

Autour persiste un brouhaha de théâtre des vendredis de jadis, sonnerie trois coups rideau rouge, théâtre en velours lourd, théâtre qui sent la boule antimite, elle est la mite, elle est venue grignoter la scène pour se faire une place et jouer son théâtre sans rideau, profitant de l'aubaine de tous ces spectateurs contingents, deux cents, peut-être plus, en tout cas trop pour le contenant, certains assis par terre, veulent voir la bête, toucher la sainte, encore rien compris et elle va leur faire comprendre, ils vont se la sentir passer dans l'anus la sainteté. D'aucuns parmi eux devraient savoir pourtant, amis ou collègues ou pour le moins confrères ils la connaissent d'avant, d'avant son long voyage immobile. Mais cette fois l'amie la collègue la confrère leur revient auréolée d'une épreuve, elle est passée de l'autre côté pensent-ils et leur bouche fait O comme devant une apparition de la. Ils aiment se raconter des histoires, ils adorent les mythes ils n'aiment pas la vie. Ils veulent des trains qui ne déraillent pas à l'heure, voilà ce qu'ils sont venus chercher et pourquoi ils s'entassent devant la table dûment nappée d'un tissu.

Ils l'auront leur scoop, mais pas du tout celui qu'ils croient. Pas du tout du tout. Elle est venue leur dire quelque chose qu'ils ne savent pas, en effet, mais quelque chose dont ils sont très très loin de se douter. Elle est venue annoncer la fin de l'Histoire.

Non que l'Histoire soit finie. Increvable, la vieille, pas

près de clamser en piquant de sommeil dans l'âtre enflammé devant lequel elle tricote des chaussettes célibataires pour tous ses enfants éclopés. Pas de raison de s'arrêter en si mauvais chemin. Ça ne cessera jamais cette mauvaise farce.

Mais pour elle arrivée en avance c'est fin de partie.

Elle est venue s'exclure elle-même du parti de l'Histoire.

À vrai dire cela fait longtemps qu'elle a rendu sa carte, quarante-cinq ans à peu près il faudrait voir son état civil, et là elle se donne quarante-cinq minutes pour le dire, pour le faire, son dire sera du faire et voilà ce sera dit ce sera fait, ce sera la fin de l'Histoire.

Assis à sa droite son patron, chemise veste. Assis à sa gauche son vice-patron, chemise veste. Encadrée par deux hommes, et d'autres s'affairent autour d'elle. Tous ceux qui assurent la logistique de cette allocution définitive, journalistes, régisseurs, gardes du corps, chemises, vestes, sont des hommes et elle s'en fout. Va pas se formaliser pour ça. Va pas se répéter dix fois par jour qu'elle vit sur une planète avec un pénis au milieu. Pas s'appesantir, pas le temps de pester déplorer, pas le temps de tirer les cheveux des méchants, garde son énergie pour ce qu'elle a à dire, sait très bien ce qu'elle a à faire, laisse traîner un œil sur ses notes, quelques lignes seulement, une trame sur quoi broder, ça viendra comme ça viendra, elle a confiance en l'élasticité de son cerveau, elle veut juste être sûre de bien dire ce qu'elle a à dire, de bien faire ce qu'elle a à faire et ainsi la voit-on concentrée. Et détendue, ça n'empêche pas. Contente d'être là – elle est arrivée en avance. Parcourant l'assistance de la tête et des yeux, s'arrêtant parfois sur un des assistants qu'on devine l'interpeller, faire coucou à la supposée Vierge Étoilée, briguer un signe de reconnaissance de sa part, confrère collègue ami ou rien. Elle cligne en retour. Veut bien être le pote de tout le monde. Sourit. Si elle avait dû mourir pendant ces cinq derniers mois, ç'aurait été avec un sourire pour ses bourreaux. Pas le magnanime de la martyre promise à une postérité parmi les nues, juste la gratitude d'avoir vécu et le souvenir de comme c'était bien, dites-leur juste qu'on a été heureux, que la vie est si grande que la joie d'en être tord le foie. Si vaste la vie que même un géographe aguerri la quitte frustré de ne l'avoir qu'au millionième arpentée, avec le sourire comme elle arrivée en avance, sourire pas motivé, quintessence du visage en filigrane de traits accessoires, nez court long gros mince effilé camus aquilin crochu, oreilles petites grandes cassées en chou-fleur de lapin de serpent décollées, joues altières caractérielles immaculées matoises atrabilaires roboratives inédites oxymoriques rédhibitoires olympiennes métempsycotiques. Seule chose à dire d'un visage : souriant, pas souriant. Tout le reste est peinture. Sourire déjà c'est tout un programme, c'est le postulat englobant de ce qu'elle est venue dire faire aujourd'hui. Sourire est la clé de sol de la partition qu'elle va jouer avec sa bouche, avec son visage volontiers exposé malgré les flashes dans la gueule que calme d'un geste l'homme debout sur la droite sur sa gauche, celui qui semble le maître de cérémonie et se penche sur le micro les mains appuyées sur la table pour exhaler son petit laïus, faire son petit malin, veste chemise et qu'il se dépêche parce que c'est la dernière fois, bons mots piques bien senties compliments bien tournés brio de salon c'est la dernière fois. Surtout qu'il en profite de son micro parce que les quarante-cinq minutes à venir vont ringardiser pour l'éternité son style à la naphtaline. Sa voix amplifiée ramène aussitôt le brouhaha à une rumeur, un souffle, un silence. « Il y a une expression qu'on utilise toujours, dit-il, et jamais cette expression n'a eu autant de sens qu'aujourd'hui. Cette expression c'est “nous sommes très heureux d'accueillir”. Or elle veut vraiment dire quelque chose aujourd'hui. » Sa tête pivote vers elle : « Nous sommes très heureux de vous accueillir. C'est à vous. »

C'est à elle.

C'est maintenant.

0’0”

Bon ben j’vais répondre de façon tout aussi inattendue : merci! Ce qui s’appelle donner le ton, ce qui s’appelle donner le la, attention c’est un concert, attention c’est de la musique. Exclamant le merci, tout de suite jouer la corde de l’ironie farceuse pour couvrir la scie rhétorique qui vient de l’introduire. Et tout de suite les rires. Celui de l’assistance, contentement que ça commence plus que réel hommage à la drôlerie de l’entrée en matière ; le sien, redoublant son préambule distanciant, rire de bronches enfumées, trois notes expectorées, trois petites toux. Rire de mâle, rire de marin, rire de femme de marin qui serait aussi marin, un homme dans chaque port. Même timbre, ce rire, que sa voix sinon grave du moins dénuée d’aigus disqualifiants. Rire qui se pose là comme des coudes sur un comptoir, rire à faire débander un amateur de lingerie dentelle, à décevoir ceux qui s’imaginaient une poupée de porcelaine cassée qu’ils aideraient à recoller les morceaux.

Alors que pleine forme et tapant d'entrée dans le dos du public comment vas-tu vieille bouse, approche un peu que j'te raconte, tu vas voir c'est gratiné, j'vais t'en mettre plein les oreilles. Elle est venue frimer avec son humour, faire l'article de son bagout. Se donner en spectacle, parfaitement. Show réglé au millimètre, avec introduction et tout *Donc voilà en préliminaire j'voulais juste dire qu'on avait… qu'on a choisi comme ça spontanément en arrivant dimanche de faire une conférence de presse avec tout le monde aujourd'hui, pour ne pas qu'il y ait justement de course à l'exclusivité, qu'il y ait pas quelqu'un plutôt que l'autre. Même au journal on voulait pas s'approprier un récit qui appartient à nous tous. J'dis il appartient à nous tous parce que je crois qu'y a eu pendant qu'j'étais pas là… la plupart des gens m'ont raconté qu'y avait eu un grand élan de solidarité, un travail mis en commun dans la presse, et j'voulais que cet… euh… que cet état d'esprit reste et demeure aujourd'hui, et qu'il y ait pas de course à qui à quoi, c'est pas du tout l'but, c'est pas l'propos, c'est une histoire qui nous concerne tous et pas simplement moi, donc voilà c'est pour ça qu'on a voulu le faire de cette façon-là* On sent les assistants se réjouir d'avance qu'elle mette ses infos dans la cagnotte commune, normal elle est des nôtres, solidaire c'est la moindre des choses. Il va y avoir des : révélations. Et aussi des : révélations. Mais surtout des : révélations. Elle a raison, trépignent-ils, ce récit nous concerne tous, c'est patrimoine public, c'est une affaire d'État, une affaire de Nous, donne à chacun une part du gros gâteau d'Histoire que tu as eu pour ton Noël, donne un échantillon de la Météorite qui t'est tombée dessus dans le désert, donne-nous des nouvelles du front, des nouvelles qui crachent le feu la fureur le bruit. Tu étais dans les caves de La Mecque, rien que ça, de La Mecque où tout se décide, tu connais les dessous, tu sais qui tire les ficelles, qui sont ces monstres, qui les commandent qui ils commandent. Et les Roumains, tu n'oublieras pas de parler de ces Roumains dont on dit qu'ils ont partagé un temps ta cellule. Clé du problème, les Roumains, fin mot de l'Histoire. Ainsi chante muettement l'assistance. Et aussitôt déchante *L'autre chose c'est que le... ce dont on va parler aujourd'hui, j'me doute bien qu'vous avez tout un tas de questions diverses, mais moi c'que j'peux vous raconter... j'ai été enfermée dans une cave pendant cinq mois, donc je peux vous raconter cette cave. Ce qui s'est passé en dehors et tout un tas d'autres sujets, je ne les connais pas* Saddam Hussein, connaît pas. Bush senior et junior et petit-junior, connaît pas. La Maison Blanche ? Une maison, blanche. Avant ses parpaings étaient à découvert, Jacques a dit peignez-la en blanc, on l'a peinte en blanc, et comme c'était une maison on l'a appelée la maison blanche, on y dort, y mange, y danse entre les meubles, s'y cultive dans le jardin *Donc moi j'ai pas fait pendant cinq mois une enquête sur la résistance irakienne, sur les moudjahidin, sur les autres prises d'otage, sur les services secrets français*, et les semaines qui ont précédé ce n'était pas ça non plus. Elle elle s'était envolée vers là-bas pour voir comment les gens encaissent. Pas les missiles rutilants au garde-à-vous oblique, plutôt le cratère chirurgical creusé par eux au cœur des villes, et comment la vie autour se démerde après ça, il y avait une épicerie il n'y en a plus, il y avait une épicière il n'y en a plus. Pas les coucous qui font joujou dans les nuages, plutôt les parties de backgammon cinq pieds sous terre en attendant que les chevaliers du ciel se lassent de leur puissance. Ne se demandant même plus, les joueurs, qui les bombarde et pourquoi, peu importe c'est toujours la même fissure dans le plafond, les mêmes meubles qui tremblent, le même plâtre qui vous tombe sur la tête, la même asphyxie dans la poussière de l'éboulement puis le même refuge dans le terrier transi d'effroi si d'aventure pas mort *Moi j'vais vous parler d'une cave, j'vais vous raconter cinq mois d'otage et pas autre chose. Donc j'espère que vous comprendrez que... euh... quand il y a des lacunes dans mon récit, il s'agit pas de cacher quelque chose, il s'agit pas d'essayer de gommer des aspects, il s'agit avant tout de raconter une histoire d'otages avec ce que j'en connais*, à l'aplomb du ciel où tourne en rond l'Histoire, oiseau de mort animé d'une pulsion de destruction de niveau 9 sur l'échelle du ressentiment, fustigé toute son enfance par la ceinture d'un papa vautour alcoolique, traumatisme énorme, le fera payer à tout le monde, piquera droit sur la vie qui se cultive dans les jardins et après il n'y aura plus de jardins faute que l'herbe ait repoussé. Tous les agents de l'Histoire, tous les policiers de l'Histoire, tous les gendarmes du monde s'appellent

Attila. Où l'Histoire passe la vie ne repousse plus. Concours de ball-trap ininterrompu avec pour assiettes les gens, les gens, les gens, mot le plus débile du monde et il n'y en a pas d'autre. Jadis germa en d'aucuns le rêve d'aiguiller la locomotive de l'Histoire dans le bon sens, dans le bon sens populaire, et que l'Histoire serve les gens il n'y a pas d'autre mot. Normal. À l'époque on ne pouvait pas se douter que le remède exacerberait le mal. La vraie folie durable est qu'il se trouve encore des millions d'âmes pour croire au ralliement de l'Histoire à des desseins qu'elle a mille fois feint d'épouser pour mieux les retourner, comme des espions. Il se trouve encore de la chair pour adorer le canon où on la fourre, et des gens, pas d'autre mot, pour croire encore à la bonne foi du missile qui a niqué et reniqué leur jardin, une fois c'était en plein barbecue, quatre enfants morts et deux cockers déchiquetés mais tant pis ça fait rien. Pas rancuniers. Il faut les voir, au moindre signal, à la moindre condition objective, se passer le fusil en bandoulière pour reprendre la lutte finale encore, la lutte qui n'en finit pas d'être finale depuis deux cents ans. Pas lassés. Ont pas encore eu leur content de martyrs et de prises de pouvoir qui doublent la terreur exercée par les destitués. Finiront pleurant leur mère plaqués contre un mur souillé du sang de leurs prédécesseurs en attendant que les fusils en faisceau exécutent une sentence sans procès. Ne s'y prendraient pas autrement s'ils voulaient mourir, c'est à croire que. En attendant qu'arrive ce grand soir de leur vie, ils se documentent, se font machine à explorer le passé pour que plus jamais ça, pour être sûrs à l'avenir de faire bien différemment la même chose. Ils lisent des livres. D'Histoire. Analysent les rapports de force et tout. Prennent des airs de raison d'État, des airs de La Lutte c'est pas une poésie mon pote, on fait pas d'omelette sans casser des gens c'est le mot. Ils savent qu'en face on ne leur fera pas de cadeaux, mais la prochaine sera la bonne, là ils ont bien potassé l'affaire, ils ont bien décrypté les techniques de la dégueulasserie universelle, ils sauront deviner toutes les anguilles hostiles sous toutes les roches *Donc pour vous donner un exemple euh… même les gens qui m'arrêtent dans la rue ou mes parents ou d'autres personnes me parlent de rançon, tout le monde dit « bien évidemment y a une rançon ». Moi je serais de l'autre côté je dirais « bien évidemment y a une rançon »* mais elle n'est pas de l'autre côté, elle est du côté de la vie, avec dedans des vraies choses qui se voient *Moi on m'a jamais parlé d'argent, donc tout ce que j'peux vous dire c'est « moi on m'a jamais parlé d'argent », ça ne veut rien dire d'autre que ça* Vous avez une poire devant vous, assez légitimement vous pouvez dire voilà une poire. Si vous n'avez pas de poire devant vous, non moins légitimement vous direz il n'y a pas de poire. Ce qui ne signifie pas qu'il n'y en ait pas ailleurs, il se peut même qu'en écumant quelques continents on en trouve une, à Melbourne tiens il y a une poire c'est sûr, et vous la trouvez, et vous la coupez en deux, et chic dedans il y a une rançon, colliers de perles ayant appartenu à la princesse Falbala, diadème en or de palmier, rubis sur l'ongle, suite nuptiale mille et une nuits, voilà glissez-vous dans les draps de soie, roulez-vous dans le vice qui fait les légendes, qui fait l'Histoire, bon voyage, faites-vous bien triper mais démerdez-vous tout seuls parce qu'elle elle n'est pas dealeuse, elle elle ne vous fournira pas en vice en rançon en Histoire en poire belle Hélène de Troie *Mon témoignage aura cette limite-là, donc j'espère que vous la comprendrez, et qu'il s'agit pas d'entretenir des zones d'ombre ou au contraire de faire des mystères et des airs entendus, c'est pas du tout le but*, même s'il est hélas probable que l'effet obtenu soit à rebours de l'escompté. Paradoxalement la rigoureuse transparence réveille la faim de mystères. La frontalité excite les traqueurs de signes comme l'odeur de truffe les cochons, et ça y est le sens se remet au travail, il est reparti au galop avec dessus Attila hurlant comme un Peau-Rouge un Skinhead un Chasseur de têtes un Avion de chasse, ça va encore faire des Histoires, des bombardements vert fluo dans le champ de la caméra infrarouge et des tours jumelles prononcez à l'américaine fondant sur elles-mêmes comme des Pêches Melba. Ils chercheront entre les lignes, débusqueront les manques, relèveront les anomalies. Ils diront : selon elle il n'y avait pas d'otages roumains, or un bandeau l'aveuglait en permanence, comment peut-on ne pas voir ce qu'on ne saurait voir ? Prise au piège. Prise dans leurs filets à mailles aussi resserrées qu'est implacable leur lucidité. Aux championnats de France d'Histoire, ils ont eu dix-neuf à l'épreuve d'invisible. Elle est là en pleine lumière et ils regardent l'ombre qu'elle projette derrière elle. On déplie un doigt et tout de suite ils se tournent vers la lune qu'il désigne malgré lui, la lune avec les Roumains dessus, si si absolument on les a vus, c'est plein de Roumains la lune, ils y montent des réseaux de prostitution en apesanteur. La lune, oui, plutôt que regarder le doigt qui est là, évident, nu, puissamment réductible à son empiricité *et le fait de me présenter devant tout le monde comme ça j'espère que ce sera compris dans cet état d'esprit*, dans cet état de matière qui dispose à ne considérer que ce qui se présente là maintenant, quarante-cinq minutes de happening prononcez à l'américaine, une minute + une minute + une minute, et les secondes aussi, une + une, comme elles viennent, comme elles déroulent le strict programme de leur actualité.

2'24"

Donc c'que je vous propose, la façon d'faire qui me paraît la plus simple... je suis désolée j'ai la voix cassée, parce que j'ai pas parlé pendant cinq mois, là j'ai repris mon niveau normal, c'est-à-dire pour ceux qui me connaissent parler tout le temps rires *donc du coup les cordes se remettent en service* Pendant cinq mois c'est pas sa famille qui lui a manqué, pas les Vins divins de son Pays, ni ses livres si elle lit, ni ses enfants si elle en a, ni les crèmes hydratantes de sa salle de bains si elle habite quelque part. C'est parler. Là on lui offre une plage de quarante-cinq minutes, quarante-cinq minutes de talk-show prononcez à l'américaine, trop beau pour être vrai, elle s'en lèche les babines avec sa langue bien pendue, la vie c'est parler ou alors c'est pas la peine, pour le silence on a toute la mort devant soi *Donc c'que je vous propose... si vous n'en êtes pas d'accord poussez un hurlement, j'vous fais confiance... c'est de vous faire un récit un peu chronologique des choses* Chaque chose en son temps, une heure après l'autre, à chaque minute suffit sa *et après d'en venir aux questions. Donc ça m'semble le… le… la façon la plus facile de procéder, comme ça ça donne un cadre général et euh… et voilà* Et voilà. S'indexer aux faits. Aujourd'hui il n'y aura pas de littérature, on a bien mieux à faire. Élevés au pays des Fromages et Lettres, les assistants s'en trouvent fort marris et hurleraient remboursez si ne les retenait la promesse qu'on va leur servir du : vécu. C'est leur seconde passion, symétrique de l'Autre. À l'aplomb du grand ballet aérien de l'Histoire, voici donc les petits secrets cachés entre les lattes du parquet. Le vécu n'a rien à voir avec la vie réelle des gens, il est juste le recueil des bleus à l'âme puisqu'il va sans dire que la vie donne des coups. Frétillent les assistants, car avec un peu de chance elle va priver l'Histoire de micro pour y larmoyer ses accès de désespoir, ses suicides quotidiens en s'étranglant avec le bandeau, et comment elle se tapait la tête contre la pierre du mur, comment l'odeur de son sang évoquait la plaie de son coude écorché d'enfant, lequel convoquait l'image de son père qui lui aussi avait un coude, il en avait même deux et c'est pourquoi elle a doublement pensé à lui dans cette cave, parcouru dans les deux sens ses fêlures, compris certaines choses importantes sur l'existence, sur les autres, sur elle-même, sur la vie intérieure de ses ovaires. Là-bas au cœur de l'Orient son infra-moi attendait qu'elle vienne le déterrer, aiment à penser les assistants. Au bout de tout récit vécu l'âme est pendue comme une queue de mickey à décrocher, c'en est la valeur ajoutée, on vous l'offre à la sortie comme un stylo publicitaire, vous ne serez pas venus pour rien, c'est pour faire pardonner l'absence des Roumains, ils n'ont pas pu venir, ils jouent de l'accordéon dans le métro de la lune, on dit d'eux qu'ils peuvent se couper une jambe pour faire la manche c'est fort quand même, c'est l'âme slave ça, elle elle n'est pas slave ni d'ailleurs roumaine car elle n'a ni âme ni états d'. Équidistante du ciel et du parquet, elle est un bout d'espace et de temps où s'accrochent des faits, et c'est cela, mixture de nana et d'espace et de temps et de faits, qu'il y a à voir et entendre ici, aujourd'hui, 16 h 02 à présent. Et cinquante-neuf secondes. Que cela !

François c'est fou des digressions, dire des pensées autour des autres. Et de manière belle, avec la forme.

2’59”

Donc euh… ben ça commence le 5 janvier, j’pense que tout le monde l’a en tête Rire-souffle + yeux baissés = double élégance : soustraction par une blague de l’information inutile, étouffement de la blague dans sa barbe de zéro jour pour signifier qu’elle n’attend pas de rires *Donc avec Hussein on avait décidé de faire un sujet sur Falloudja, qui est donc cette ville qui a été détruite après un siège américain en novembre. Donc tous les habitants ont fui, la ville était fermée à cette époque-là, donc d’façon il était hors de question d’y aller, ne fût-ce que parce qu’à la bretelle d’autoroute on se fait enlever* Rire-nez de son propre destin de kidnappée, tranquille autodérision, courtoisie élémentaire, tarif syndical de la classe *Donc on avait décidé d’obéir aux consignes de sécurité* Il faut être poli avec l’Histoire, lui passer ses caprices à cette vieille folle, pas réveiller le fauve qui dort dans son moteur *Donc on a appris l’existence d’un camp d’une cinquantaine de tentes à l’université de*

Al-Djadria qu'est en plein centre de Bagdad et qui était donc dans un lieu, nous semblait-il, sûr C'est à Hussein que cela semblait sûr mais elle ne le dira pas *Donc Hussein qui est donc euh… notre euh… accompagnateur, j'sais pas quel terme employer euh… irakien, qui travaille avec le journal depuis un an et demi, avait des très bons contacts auprès de… d'ONG en Irak* Hussein il a des contacts, il a un réseau, il a ses entrées dans l'Histoire, il fait euh… des courbettes au fauve capricieux qui dort dans le moteur de cette euh… folle et qui pour le remercier ne va plus tarder à lui sauter euh… à la gueule *et c'est par elles que nous sommes passés. Donc on a pris rendez-vous auprès de ce camp de réfugiés, on est arrivés le 5 au matin, à 10 heures* Précis, précis, la précision est la dignité de la parole *Et on a été bloqués à l'entrée. Donc les gardes de l'entrée de l'université, y avait cinq ou six gardes irakiens, nous ont demandé la carte grise qu'ils nous rendraient à la sortie, donc alors évidemment Hussein a râlé, il râle tout le temps* Avec elle, pas s'attendre à du sentimental genre Hussein ô Hussein mon frère d'Orient, cette mésaventure scelle entre nous un pacte de sang, s'il nous arrive quelque chose à toi ou à moi je m'occuperai de tes enfants tu t'occuperas de mes crèmes hydratantes. Rien de tout ça, qu'on est même pas sûr qu'elle ressente. Les faits. Parlent d'eux-mêmes. Hussein râle ? Hussein râle. S'il avait mangé une pizza aux champignons, elle aurait dit Hussein a mangé une pizza aux champignons. Mais Hussein n'aime pas les champignons. Il préfère râler : *ah c'est compliqué ! ah comment on va faire ?!* Elle reproduit maintenant la note exacte des ah de ce jour-là, interjection geignarde de l'homme que tout accable. Elle raconte ça comme au café, c'est là qu'elle a appris à parler, là qu'elle a posé les bases d'une littérature résorbée en récit mimétique *Bon bref* laisse tomber *on a parlementé. Pendant ce temps les gens avec qui on avait rendez-vous appelaient sur le portable en disant alors qu'est-ce que vous faites ? on vous attend* Sa main portée à son oreille mime un téléphone, pouce et petit doigt en antenne du poing. Rapporter les faits en les rejouant pour les rendre au présent qui est leur peau, leur chair, leur enveloppe brute et sèche. Être aussi sec et *Bref* que possible *on a laissé la carte grise et on est rentrés. Donc on a fait nos interviews, on passait de tente en tente en demandant. On travaillait évidemment dans le cadre des élections qui ont eu lieu un peu plus tard, des élections générales, et on demandait aux gens s'ils allaient voter, pas voter...* Pas les élections tout court, ce serait encore l'Histoire. Les élections version gens – mot débile, pas d'autre, hommes ce serait encore de l'universel décharné, ça dessinerait une communauté planant dans l'éther de principes édictés à blanc. Gens c'est le contraire, gens ça veut dire le point consistant du monde, l'îlot de vie matérielle non réfutable où s'échouent les lubies, l'Histoire divisée en une somme de gestes et de jours. Journaliste, c'est son métier. Elle raconte rejoue mime les gens cheminant dans le quotidien, comment ils mettent un pied devant l'autre, comment ils mettent un jour après l'autre *Donc on a travaillé comme ça jusqu'à vers*

16 heures. Alors pourquoi 16 heures ? La geste originelle du journalisme, souci de clarté politesse pédagogie altruisme au jour le jour *Bêtement parce que de nouveau on s'est dit y a des consignes de sécurité on veut pas s'faire enlever* Nous n'avons que les jours *donc il faut rentrer avant la nuit. La nuit tombant à 17 heures, on a arrêté les interviews vers 16 heures* Nous n'habitons que les heures, n'avons pour site que les secondes *Évidemment on a été bloqués, parce qu'il fallait sortir par la même sortie puisqu'on avait laissé la carte grise (y a plusieurs sorties) et de nouveau Hussein s'est mis à râler* Le respect minimum dû à un compagnon de déroute lui imposant de taire son irritation à l'endroit d'Hussein, elle la canalise en imitation de sa litanie accablée *C'est pas bien !* psalmodie-t-il psalmodie-t-elle *on tombe dans les embouteillages ! et cætera et cætera* Elle passe sur le temps qu'a duré cette complainte, Hussein est un mec juste pénible *Pendant qu'il démarrait, j'suis montée dans la voiture, j'ai appelé le journal, et là c'est moi qui me suis mise à râler, parce qu'il était 16 heures à Bagdad c'est-à-dire 2 heures à Paris* Précis précis pédagogie *et j'arrivais à avoir personne. Ils étaient tous à table* Gros sourire d'elle, gros rire des assistants moquant leurs propres déjeuners indéplaçables où, nostalgiques de l'Histoire, ils en recueillent les miettes sous forme de rumeurs d'adultère place Beauvau cependant qu'à l'opposé du globe Hussein ne rigole pas, Hussein habite au cœur de l'Histoire où les hommes ne sauraient rire de tout et surtout pas de leur voiture *Alors Hussein râlait avec les gardes pour avoir la carte grise, moi j'râlais avec le journal en disant évidemment ils sont pas là* main-téléphone *et je butais sur le standard* Nous sommes au café, c'est son lieu, elle n'en sort jamais et les clopes les clopes les clopes, quarante-cinq ans qu'elle fume sa joie de parler. Zéro sens du tragique – le tragique est le luxe d'une vie sans emmerdes majeures. Elle rapporte l'épisode comme une glissade sur peau de banane, on revient au camping et paf figure-toi que la tente s'était envolée on l'a retrouvée accrochée au canot pneumatique des Hollandais qui séchait pas loin oh non j'te jure t'aurais dû voir ça *On a fini par sortir, la voiture roulait au pas, il rangeait la carte grise dans sa poche et cætera, quand une voiture nous a bloqués et quatre types avec des petites armes de poing sont sortis et nous ont dit montez dans notre voiture* Ton presque pas lesté, pic dramatique pas du tout joué, plutôt noyé dans la continuité du récit, elle n'habite que le présent et au présent c'est comme ça que ça se passe, rien ne ressort rien ne saille, on ne distingue et trie qu'après coup. Pour se transformer en Histoire les faits doivent passer par la raffinerie de la rétrospection, elle elle fait le parcours inverse *Le téléphone sonnait toujours au standard* main-téléphone, la gauche cette fois *j'ai raccroché* rire-toux *et j'me suis retournée* Elle le fait là maintenant, tordant le buste *Y avait les gardes de l'université qui venaient de nous rendre la carte grise qu'étaient là à deux mètres. Donc j'ai croisé leur regard, j'en ai regardé un, il était assis sur un fauteuil, il s'est pas levé, il m'a fait* Elle ne va pas dire ce que le gardien lui a fait, elle va le contrefaire :

pli de la bouche à peine perceptible, petite contraction des commissures genre c'est comme ça qu'est-ce que vous voulez. Puis elle se marre plutôt que d'expliciter que le type était sans doute de mèche, que c'est un peu une trahison. Lampe de spéléo au front les potasseurs d'Histoire se chargeront de clarifier ce point obscur, de faire rendre gorge aux événements et qu'à la fin ils soient criants de vérité salope et déprimante. Elle elle la sous-clame, la saloperie du monde, elle la neutralise dans le silence de cette mimique et dans un petit rire qui marque la pathétique drôlerie de cet enlèvement – la drôlerie est la politesse des faits désespérants.

6'17"

Donc on est partis dans la voiture Ce donc n'est pas le joint entre une cause et une conséquence, il simplement additionne. Une séquence + une autre et voilà, on ne va pas en faire une histoire. Bon, bref et donc sont trois starting-blocks qui pulsent son verbe. Oral, le verbe, car l'écrit est le serviteur de l'Histoire, son exécuteur testamentaire *et les types qui nous enlevaient* Types c'est hommes à l'oral, hommes concrets c'est-à-dire gens, ils prennent des poses de photo d'Histoire mais c'est des gens, des types, des pauvres types qui *ont usé dès le début d'un procédé qu'ils vont user tout au long de cette prise d'otage* Incorrection grammaticale, elle parle oral, elle parle la langue du présent, la langue du corps, la langue avec des bras et des jambes et de la clope plein la glotte et des tics et pas de grammaire, langue bourrée de fautes à proportion de ce que le corps est la géniale erreur de la création *c'est-à-dire que plutôt que de nous dire voilà on a des armes, si vous bougez on vous met une balle dans la tête, ils ont davantage choisi un argument psychologique, ils nous ont dit voilà nous suspectons… c'est évidemment… vous allez voir la ficelle… nous suspectons Hussein de nous avoir volé de l'argent, donc on va vérifier si c'est bien lui, voir comment il peut nous rendre cet argent, et si c'est pas lui eh ben… dans deux heures vous êtes dehors et vous aurez bu un Coca à la maison* Le Coca, elle l'invente. Les types n'ont pas parlé comme ça, ou alors s'ils l'ont fait il est très improbable qu'Hussein se soit donné la peine de traduire aussi précisément. Le Coca c'est une idée de maintenant, prononcée à l'américaine, une idée pour le show prononcez à l'américaine, et pour dégonfler dans l'œuf la baudruche du drame qui ne demande qu'à se dilater en témoignage de l'enfer, et de témoignage de l'enfer en roman, elle est aussi venue révoquer le roman tant qu'à faire *Alors euh… moi j'ai tout de suite compris* Pas Hussein, ça veut dire. Hussein il a trop mangé de pizza aux champignons et comme il aime pas ça son cerveau s'est empâté *qu'on était enlevés, mais c'était une façon de nous l'dire sans menace, en utilisant un argument psychologique et non pas un argument de force, de ne pas bouger de la voiture, et les portières n'étaient même pas verrouillées. Alors on avait évidemment un pistolet sur la tempe, m'enfin c'est vous dire qu'ils étaient assez sûrs d'eux* Elle ne dit pas : on avait un pistolet sur la tempe. Elle dit : on avait évidemment un pistolet sur la tempe. Surtout, elle ne le dit pas en première intention mais dans le cadre d'un raisonnement où la proposition est ligaturée à une autre au moyen de l'adversatif mais. Que ceux qui ne comprennent pas la nuance sortent immédiatement de la vie parce que immoraux comme ils sont, là, à ne pas distinguer le bien et le mal, ils risquent d'y faire beaucoup de dégâts. Aplatissement de crise, c'est le nom de la figure qu'elle vient de réaliser. Et aussi : décentrement de l'essentiel, en le remisant au rang d'appendice de l'anodin. Et aussi : ne pas expliciter le résiduel émotionnel d'une situation, contînt-elle une grosse charge dramatique. Dire j'avais un revolver sur la tempe et j'avais peur, c'est dire deux fois la même chose. À la fin cela s'appelle de la délicatesse, cela s'appelle pas se faire mousser sur ses malheurs, cela s'appelle l'éthique et c'est à la virgule près monsieur *On est arrivés dans cette maison, la première maison euh… dans Bagdad, et là y avait sur un lit un jeune garçon qui à mon avis n'avait pas dix-huit ans et qui nous a fait asseoir au bout du lit et qui nous a dit voilà on vérifie* Non il n'a pas dit voilà, voilà c'est comme Coca, c'est elle qui ajoute pour oraliser le monde afin de détricoter l'écrit qui l'emprisonne dans les mailles de l'Histoire *Et puis au bout d'une demi-heure Hussein a râlé de nouveau, il a dit alors c'est pas fini les vérifications ?* Hussein c'est Bourvil. Comprend jamais en même temps que tout le monde. Entrave que dalle à la tactique des gens d'armes. *Le type a dit si, c'est fini. Hussein a dit alors quelle est notre situation ? Le type lui a répondu ben t'as pas une idée ? vous êtes kidnappés. Et là-dessus ils m'ont ligotée, ils m'ont amenée ailleurs, ils se sont tournés vers moi, ils m'ont montré Hussein et ils m'ont dit dis-lui au revoir. Donc là-dessus* En oral là-dessus veut dire puis, veut dire ensuite, veut dire après quoi. Elle pourrait dire tout cela, puis ensuite après quoi, mais sa bouche convertie à l'oral se cabre pour ne pas le dire. Et puis l'oral a une vertu accélératrice et en l'espèce elle a besoin de se donner de la vitesse pour enjamber le récit inutile de ce qu'Hussein et elle se sont dit en se quittant. Les assistants ont relevé l'ellipse et demain leurs journaux suggéreront que les deux captifs se sont murmuré le nom des Roumains lunaires, ou à l'inverse glorifieront un discours sans pathos. Or sans pathos cela veut dire qu'on a enlevé le pathos afin qu'on voie bien la volumineuse place vide qu'il a laissée, et qu'à la fin il n'y en ait que pour lui, monsieur pathos sans pathos. Rien de plus impudique que la pudeur si elle ne se contente d'être de la discrétion. Leurs papiers de demain dégoulineront de redondances en hommage à sa pudeur sans pathos, alors que pour elle il ne s'agit que de taire ce qui va sans dire, de passer sur ce dont au fond il n'y a rien à dire. Quels mots voulait-on qu'ils se soient soufflés dans l'oreille ? En cas de grosse tuile, il n'y a guère à disposition que des banalités, toute tentative d'originalité sent sa petite phrase pour l'Histoire, articulée méthode b a-ba pour faciliter le travail du scribe si par bonheur il en passe un à ce moment. Hussein et elle se sont dit simplement bonne chance, ou courage, ou à bientôt, et *on a été séparés immédiatement, enfin presque tout de suite. J'ai été transférée dans une première maison pour la nuit puis dans une seconde le lendemain matin, assez rapidement* Une maison puis une autre, une maison donc une autre *Donc*

8'14"

à partir de là euh… dans cette seconde maison euh… y a eu tout de suite une espèce de mise en condition, c'est-à-dire qu'ils m'ont enfermée dans une pièce, ils m'ont dit voilà voilà *tu enlèves tous tes vêtements et tu mets ça. Donc* donc *c'était un survêtement. Sur le devant j'ai vu un signe moyen… y avait écrit Titanic* Rire crescendo à mesure que les plus lents rattrapent les premiers à avoir saisi la saveur du signe. À ces mots elle agrafe une mine de décidément c'était pas mon jour qui prolonge la vie du gag, en exploite le filon. Mais surtout : moyen. Titanic sur le survêtement : un signe moyen. Quand ils lui ont scié trois membres et brûlé le quatrième, il a trouvé ça moyen. La discrétion a sa figure attitrée, et c'est l'euphémisme. Peu pour suggérer beaucoup, pour suggérer qu'un mot comme Titanic sur vos fringues d'otage c'est des coups à se les fourrer dans la gueule parce que mieux vaut s'étouffer tout de suite que d'attendre bêtement le naufrage. Au lieu de quoi : euphémisme. L'Histoire procède de l'hystérisation des signes, il lui faut ça pour se mettre en route. Attila c'est connu n'enfourchait jamais son cheval le matin sans avoir avalé un bon bol de signes. L'Histoire est emphatique, l'Histoire est pompière – et pyromane –, art pompier elle s'expose en des fresques plus vastes que le musée qui les accueille. L'euphémisme pousse la poussière sous le tapis, rapetisse le ridicule ou la peine de vivre pour le planquer dans un trou de souris *Donc euh… là-dessus j'avais les pieds et les mains attachés, un bandeau sur les yeux, ils m'ont fait descendre dans une cave, ils m'ont désigné un matelas qui était au sol, ils m'ont dit c'est ta place. Donc je me suis installée là, là-dessus le soupirail s'est refermé* Je ne remarque pas la mouche posée sur mon avant-bras dénudé *J'vais un peu vous décrire les lieux. Il s'agissait d'une cave qui, euh… à force, hein, d'y rester j'en fais un descriptif, même si pendant cinq mois j'ai gardé un bandeau sur les yeux j'la connais bien finalement* Parenthèse pour les méfiants, les agités du décryptage, ceux qui trouveront les contradictions qu'ils cherchent, et sans doute ils ont raison, elle ment un peu, le bandeau elle ne l'a pas eu tout le temps, on l'a gentiment invitée à dire cela pour donner crédit au fait douteux qu'elle n'ait pas vu les trois Roumains dont le capitaine de mission Neil Armstrongu. Ils ont ponctuellement raison, et globalement tort. Tort, selon une troublante inclination au néant, de repérer les trous dans son discours plutôt que les pleins, ce qu'elle ne dit pas plutôt que ce qu'elle dit, ce qui s'est passé ou non plutôt que ce qu'elle fait là maintenant, 16 h 08. Ce qu'elle fait là s'appelle décrire et consiste à laisser parler les choses *c'est quatre mètres de long deux mètres de large et en hauteur on peut pas se tenir debout c'est-à-dire que c'est à peu près un mètre cinquante. Y a pas de lumière, il fait entièrement sombre, noir, complètement noir, pas un bruit... J'entendais juste...* Elle porte sa main à l'oreille comme un coquillage à souffle de mer puis un index se détache pour pointer le plafond, plafond du club où elle performe présentement et plafond de la cave là-bas puisqu'on y est, les flashes sur-crépitant comme chaque fois qu'elle fait un geste qui ne soit pas de bouche *c'était l'hiver et j'entendais juste des gouttes qui tombaient des tuyaux rouillés qui formaient le plafond. Donc la seule lumière qu'y avait était une lueur qui était une petite lampe dans une bouche d'aération qui changeait l'oxygène évidemment de la cave puisqu'il y avait aucune fenêtre bien sûr, ni ouverture. Donc là pour moi quand j'me suis retrouvée dans cet endroit, pour moi c'était inimaginable, d'une certaine façon heureusement que j'allais passer cinq mois là sans jamais en sortir, enfin sans jamais en sortir... sans jamais être transférée ailleurs* pléonasme inhérent à l'oralité *Très souvent dans les histoires d'otages, et moi-même j'en ai suivi comme journaliste...* rire-nez pour signaler par le plus petit degré d'expression l'ironie de son sort *les gens* les gens *sont transférés d'un endroit à un autre au gré d'impératifs qu'ils ne connaissent pas toujours, et là je ne vais jamais quitter cet endroit* Je n'entends pas le bzzz d'envol de la mouche, ni ne la vois qui longe l'alignement de CD jusqu'à la fenêtre ouverte sur le ciel sans nuage *Mais pour moi à ce moment-là l'endroit me paraît tellement... contraignant, tellement... inimaginable par rapport à c'que j'connais des conditions habituelles de rétention d'otages* L'Histoire c'est inimaginable. Complètement tordu. Ça n'a pas lieu d'être, et pourtant cela est. Les hommes – pas les gens – sécrétaient un monstre, une malformation biologique, une pustule apparue après inhalation d'une marmite d'orties au goudron, une créature ni faite ni à faire et qui pourtant crache du vrai feu par ses vrais naseaux, torture le premier venu avec ses vrais membres à écailles, viole, découpe à la machette, extermine, purifie, génocide, séquestre cinq mois une nana dans une cave, et elle survit, et c'est inimaginable aussi, et pourtant cela est, et l'on salue son héroïsme, et son immense courage, et pourquoi pas si le courage n'a rien à voir avec la bravoure – ça c'est le lexique de l'Histoire pleine de chevaliers qui sans peur partaient se faire empaler sur une lance, inimaginables blaireaux. Courage, oui, si courage veut dire le réflexe de vivre, l'incroyable obstination à battre du cœur. Courage n'est pas un mérite, c'est une merveille. C'est merveille comme après s'être pris quatre cents portes dans la gueule les gens continuent à vivre, et à cela il n'y a pas de mérite parce que, sauf à couver une dépression, en général vous tranchez spontanément la question de vivre ou mourir. Elle n'avait pas vraiment le choix, et pour tout dire pas grand-chose d'autre à foutre dans sa cave que de s'occuper de survivre. N'importe qui aurait fait pareil. À ceci près, c'est vrai, que certains n'auraient pas tenu, et courage désigne alors non pas tant la volonté de vivre que le potentiel d'énergie vitale qui le permet. S'il faut absolument se plier à l'exercice de naphtaline de l'éloge, alors il ne faut saluer que la quantité de sang irriguant ce lieu qu'on nomme elle. Elle : centrale énergétique, usine à vie, collier de faits enfilés en gloutonne, comme les cols d'une étape alpestre par un maillot jaune bourré aux hormones animales. Elle : est née. Elle : a grandi. Elle : est sortie avec des garçons, est devenue journaliste, a consigné des vies, a été kidnappée par une voiture et c'est alors que *j'me suis dit voilà : y a deux solutions… personne m'avait dit à qui j'avais affaire, quel était le nom du groupe, de quoi il s'agissait… j'me suis dit… on est pas optimiste hein dans ces cas-là, j'vous cache pas que…* Dans cette suspension, toute l'anxiété qu'elle ne dira pas, tout le sombre désarroi dont elle ne fera profiter personne, j'vous cache pas mais j'vous cache quand même *j'me suis dit j'suis dans une antichambre, et c'est l'antichambre ou d'une exécution ou d'un transfert ailleurs* pléonasme oralité *Donc j'ai remâché ces deux possibilités. Alors euh… au cours de la journée et des deux jours suivants ça a toujours été un peu ça. Alors une heure j'pensais non d'façon j'vais être transférée ailleurs* pléonasme oralité *j'voyais une grande pièce blanche* rire-toux + voix enjouée de la midinette qui rêvasse, elle imite, elle remet du présent, elle représente *avec des bruits de la rue qui monteraient doucement du dehors, enfin quelque chose de…*

Sourit plutôt que de boucler cette phrase dont on a compris l'idée. Là-dessus, plan large de biais embrassant elle flanquée de ses deux patrons chemise veste puis panoramique droite gauche qui les quitte pour découvrir l'assistance puis à nouveau plan américain sur elle *Et d'autres moments j'me disais bon ben c'est sûr là on est à l'approche des élections, ils vont vouloir faire un exemple* intonations à peine moins vives que pour l'hypothèse optimiste, bonheur malheur même plan, remettre à plat toujours *ils vont te sortir de là et dire voilà on va te mettre une balle dans la tête sur Internet* Cette dernière formule presque avalée, avec furtif baissage de tête pour aussitôt évacuer le trop-plein de verbe qui vient de s'échapper de sa bouche au travail. Façon de retirer ce qui vient d'être projeté dans l'oreille d'autrui tout en assumant de l'y avoir mis. Car il faut ne rien dire et pourtant parler cash. Un chat un chat. Un chat mange une poire à Melbourne un chat mange une poire à Melbourne. Suggérer, c'est trop et trop peu. Dans la suggestion se fraye le mythe. Inversement, nommer au plus juste casse la fascination à quoi carbure l'Histoire. Elle a dit : te mettre une balle dans la tête sur Internet. C'est exactement ça. Pas : te mettre une balle et ensuite diffuser l'exécution sur Internet. Plutôt tout d'un trait, exactement comme elle a dit, et c'est pourquoi il faut son ton et son rythme pour annoncer ce qu'elle est venue annoncer, et qui est ce ton même, ce rythme même. La même idée, une bouche sans corps et sans musique l'articulerait comme suit : autrefois l'Histoire avait lieu avant de se publiciser, désormais les deux étapes sont simultanées ; désormais les acteurs Historiques conçoivent immédiatement leur geste selon le cadre où elle se rendra publique. C'est dire si l'Histoire est devenue ce que, tragédie toujours déjà dévoyée en comédie, elle était dès le début : un divertissement fin de siècle, sans queue ni tête que celles tranchées au sabre dans la lucarne d'un Macintosh. C'est dire s'il lui reste peu de temps, à l'Histoire, peu de temps avant non pas de mourir mais d'être unanimement reconnue pour ce qu'elle est, princesse décadente s'amusant à jouer la vie et la mort de ses sujets au whist *Donc c'était suivant les heures, je passais de l'un à l'autre* Les jours de la foi en l'Histoire sont comptés. Les heures. Les minutes. Encore trente-quatre et ce sera fini.

11'36"

Au bout de deux jours, donc là je suis dans cette pièce, pieds et mains liés toujours, et on les dénoue que pour aller deux fois par jour aux toilettes. Le reste du temps vous avez donc le matin un sandwich avec un œuf dur, le midi une assiette de riz. Alors la première fois évidemment ils détachent pas les mains, donc j'me suis dit j'vais leur montrer comment une femme française se tient à table Elle figure l'orgueil altier, menton relevé, fronçant la partie supérieure du visage *Alors j'avais les yeux bandés, les mains attachées* Paume contre paume pour mimer les mains attachées *donc ils me tendent l'assiette de riz, j'dis non merci détachez-moi les mains* Yeux fermés relevés vers la source de jour possible comme fait l'aveugle, elle singe la dignité hautaine d'une comtesse au pied de l'échafaud *Alors les types évidemment ricanent et posent l'assiette par terre. Donc j'dis ils vont bien voir… donc je n'touche pas à l'assiette. Le lendemain j'peux vous dire j'ai fait comme j'ai pu et j'ai mangé le riz parce que j'ai compris qu'ils me détacheraient pas*, compris que le petit théâtre de l'orgueil bafoué revenait de droit aux imbéciles qui préfèrent la mort au déshonneur et recueillent souvent les deux. Elle elle veut vivre avant tout, or il faut manger pour vivre et non pas l'inverse, donc elle s'est penchée sur le riz et s'en est foutu plein la gueule pour attraper deux pitoyables grains en les lapant comme un chat de gouttière. Complètement indigne, complètement indigne de la femme qu'elle est. Une femme n'a pas droit au déshonneur car elle est propre et pure, c'est du reste pourquoi elle dispose d'un bidet alors que les hommes ne disposent de rien, ayant latitude constitutionnelle pour être des porcs. Des hordes de charcutiers en route pour l'Histoire peuvent faire une halte chez une femme et lui passer sur le cul un par un, il faudra encore que ladite ne bronche pas, s'en veuille d'avoir laissé le riz brûler sur le gaz, prenne sur elle, jette cette marmite à la poubelle, en fasse cuire un autre kilo, l'agrémente de thon et de poivrons coupés dans un plat tout mignon qu'elle disposera au milieu d'une nappe aussi immaculée qu'elle et d'une progéniture masculine à qui elle interdit de manger avec les doigts. Si la ration prévue s'avère insuffisante pour qu'ils se repaissent et grandissent et deviennent chirurgiens-dentistes, elle se privera. Ils demanderont t'en prends pas maman ? Elle dira non non servez-vous les enfants maman n'a pas très faim et dans sa tête elle se passera le film du sacrifice avec elle en haut de l'affiche, le sacrifice c'est son pain à elle, ça nourrit sa dramaturgie maternelle et alimente sa conviction qu'elle ne vit pas pour rien. Mains liées dans une cave orientale, une honorable maman n'aurait pas touché au riz. Et serait morte au bout de six jours au terme d'une belle agonie bien absurde. Elle elle est vivante pour avoir bien voulu se fourrer la gueule dans le riz. C'est le genre qui met *les mains* dans le cambouis, là c'était le nez. En classe de neige de CM1 il y avait une Mylène, à l'époque il y en avait beaucoup des Mylène à cause de Mylène Demongeot, Farmer c'est venu plus tard. Et Mylène Demongeot avait sans doute une hygiène irréprochable, c'est obligé pour une vedette, alors que Mylène tout court n'était pas une vedette et c'est pourquoi elle était sale, cheveux emmêlés et du noir sous les ongles. À son passage, on lui emboîtait le pas à son insu en se bouchant le nez et tout le monde rigolait sans qu'elle sache pourquoi. Au bout d'une semaine de séjour alpin j'ai trouvé sous mon oreiller un petit mot comme quoi elle m'attendait à côté de la cabane à skis après le goûter. J'y suis allé, je tremblais à cause du froid et de la pétoche, elle était déjà là dans son anorak bleu et elle m'a dit que je pouvais l'embrasser. J'ai dit qu'il fallait que je réfléchisse, ai réfléchi une minute puis l'ai embrassée, en posant une main sur son épaule mais sans la langue parce qu'à cette époque j'ignorais qu'on dût en user, personne ne m'avait rien dit c'est peut-être pour ça que j'ai tant aimé. On s'est donné rendez-vous le lendemain même lieu même heure, on s'est embrassés à nouveau puis comme

histoire perso ?

ça pendant une semaine, à raison d'un baiser par jour parce qu'une fois qu'on était collés on ne se décollait pas, si bien que la bave coulait dans nos cous sans qu'on s'en préoccupe outre mesure, emportés que nous étions par l'avion de l'amour, et lorsque Jules nous a surpris derrière la cabane j'ai à peine eu le temps de retirer ma main qui errait quelque part entre l'anorak bleu et le plat sein gauche de Mylène. Il se jette sur moi, me tire par le bras jusque sous le premier pylône d'un tire-fesses désaffecté, et me dit ça va pas non ? Ben quoi ? Ça va pas de sortir avec elle, elle pue. C'est même pas vrai. Des filles comme elle c'est pas fait pour embrasser, si ça se trouve elle a des maladies et tout le monde va se foutre de ta gueule après, et de la mienne par la même occasion vu que je suis ton pote. T'exagères, Jules. Si tu veux tu lui roules des gamelles dans une cave mais tu fais pas ça devant les autres. Ben justement c'est pour ça qu'on s'est mis derrière la cabane. C'est pas assez caché, plaque-moi vite fait c'te monstre. *Donc les deux jours suivants* et tout le reste du séjour je ne suis pas allé au rendez-vous. Au réfectoire le regard de Mylène cherchait en vain à accrocher le mien, et pour divertir mon indifférence fébrile je renversais de l'eau dans les assiettes de frites de mes compagnons de table qui se marraient comme des baleines mâles.

12’

c’était le 8 janvier Précis précis, avec sa langue bien pendue elle rédige un précis de précision. La précision rédime l’orgueil de la parole. Le 8 janvier n’est pas le 6 janvier, qui lui-même n’est pas le 17, lequel n’est pas pour autant le 8, lequel se mangerait une couille plutôt que d’être le 9. Il y a le jour du revolver sur la tempe, le jour où ils lui ont offert un survêtement pour ses étrennes, le jour où elle s’est mis du riz dans les narines, le jour où *ils m’ont sortie de la cave et à ce moment-là ils m’ont expliqué voilà : à partir de maintenant tu vas t’appeler Leila, tu ne répondras plus qu’à ce nom et tu ne parleras plus que quand un garde t’adresse la parole* Elle secoue la tête en signe de c’est encore pas très sympa c’que vous m’demandez là *Donc j’ai dit vous m’parlez, là ?* Rire-nez *Ils m’ont dit oui, alors j’ai dit bon d’accord* Elle invente. Sur le coup elle ne leur a pas demandé s’ils lui parlaient pour s’assurer qu’elle avait le droit de répondre. Par cette trouvaille blaguante, elle entend montrer combien ce genre de code d'école primaire se mord la queue, et dans quelle piteuse parodie de film d'espionnage on l'a enrôlée. Mentir on a le droit quand le strict rapport des faits ne leur rend pas justice. Et puis pour un bon mot elle tuerait la véracité, histoire d'exploser de rire les murs de cette cellule de guerre des boutons. À coup sûr les assistants s'en trouvent incrédules, se disent que ce volontarisme de la joie cache quelque chose, lui prédisent / prescrivent deux ou trois dépressions et un kit de névroses subsidiaires. Elle devra suivre une analyse, on l'érigera en cas, des thérapeutes de renom l'hypnotiseront pour lui faire cracher le morceau de son traumatisme *Donc là-dessus, j'avais toujours les yeux bandés et j'ai eu la perception que j'étais installée au milieu d'un cercle de personnes, d'une dizaine de personnes, j'pouvais l'identifier comme ça* Insert sur l'assistance puis panoramique droite-gauche qui revient sur elle *et qu'il s'agissait d'une sorte de procès. Donc euh… les questions ont commencé et au son des voix c'étaient des voix assez âgées, des voix de personnes… je dirais de vieillards, des voix euh… assez solennelles, c'étaient des gens qui…* Elle ne finira pas la phrase. Des gens qui rien du tout. Des gens qui méritent même pas ce nom. Qui n'inspirent le respect qu'aux potasseurs d'Histoire intarissables sur la grande tradition diplomatique orientale, ses adages sibyllins, ses ruses de sphinx, ses conseils de Sages taiseux et barbus et elle au milieu de ce gang bang affublée d'un prénom de site de rencontres coquines *Alors les premières questions c'était que pensez-vous de l'attitude de la France pendant la guerre d'Algérie ?* Lèvres closes incurvées vers le bas + coup de menton sec en avant, elle singe la stupéfaite qu'elle fut alors et qu'elle demeure. Puis euphémise *j'ai été surprise* Le même effet que si on lui avait demandé l'âge de son sanglier préféré. En l'occurrence le sanglier c'est l'Algérie. Les Événements. Pas née mais bon. Vieilles lunes. Les Anciens marchent sur des lunes aussi vieilles qu'eux. Ils croient qu'il y a une entité qui s'appelle la France, éternelle, aussi peu infléchie par le temps que l'Arabe littéraire, ils croient que tous les Français entonnent une Marseillaise quotidienne en se grillant des tartines. Que tous étaient là en Algérie à bastonner de l'indigène, Aussaresses et Massu et Salan et Mitterrand et Mendès et de Gaulle et Sartre et Juliette Gréco et Marat et Chrétien de Troyes et Lorie et elle. Se refilant le bâton. Chacun se mettant au défi de taper plus fort que le précédent en grognant comme un sanglier. Projetant sur toute chose leur triste immuabilité, les Anciens croient à la pérennité des peuples. Ils croient que nos emplois du temps sont indexés sur les événements tout à fait mondiaux et tout à fait importants qui cassent le cul de tout le monde depuis vingt mille ans avec nette accélération depuis cent *Ensuite que pensez-vous de la question palestinienne ?* Voilà, ce genre de choses *Ensuite qu'est-ce que je pensais de la présence américaine en Irak* Elle est pour, bien sûr *C'étaient des questions très vagues que me posaient ces personnes âgées* Elle a bien dit : ces personnes âgées. Deux mots suffisent à suggérer sa version des faits, à savoir : à l'aube de l'année en cours les pensionnaires les plus valides et clairvoyants d'un hospice bagdadien se sont cotisés pour se payer un otage. Elle a bien dit personnes âgées mais rien à faire les assistants ont entendu islamistes, entendu combattants de la foi, entendu djihadistes puis traduit guerriers saints puis trépigné d'angoisse. L'Histoire commence par des voix perçues parmi les bêlements lorrains et finit au feu. Tout crépitants d'entendre ces voix ils se sont dit que l'Histoire continuait, que la ligne de front était intacte. Les Arabes et nous, les Occidentaux et eux, les civilisations le choc entre elles, ça va bien encore nous faire quelques années ce filon, le pétrole sera épuisé qu'on aura encore notre dose journalière de morts indistincts à déplorer. Elle elle ne mentionne même pas les réponses au quiz soumis par les vieillards de l'hospice. Ce n'est pas le problème, ils s'en foutaient les vioques de ses réponses, rien à branler de tout ça les Sages. Ça c'était, comment dire, un échange de mondanités. À la place ils auraient pu s'enquérir de la santé de ses enfants, mais comme elle n'a pas de nouvelles d'eux depuis quarante-cinq ans ils ont plutôt pensé à l'Algérie et à la Palestine *Au bout d'un moment j'ai entendu une autre voix... évidemment les questions et les réponses étaient faites par le truchement d'un interprète qui était là... y a eu une autre voix qui m'a dit voilà* Ils parlent tous en commençant par voilà, ils sont comme ça les Arabes, voilà est un mot arabe qui veut dire voilà *on va parler d'autre chose maintenant*, passé les amuse-gueules comme la situation en Irak on va en venir au fait *J'ai demandé qui est cette personne ? et le traducteur m'a répondu c'est the boss* Elle dit ze boss, avec un z comme zozo. Elle le dit comme le traducteur le prononçait, sans avoir à traduire du reste parce que ze boss en question se fait lui-même appeler littéralement ze boss, il tient ça d'un thriller américain non sous-titré qu'il a chopé en DVD import de Singapour *Donc il m'a dit voilà* arabisme *vous êtes là pourquoi ? Alors j'ai dit voilà* gallicisme *j'suis journaliste* j'effeuille les jours, *y a des élections puis y a pas mal d'actualité. Là j'ai eu un p'tit regain de... comme si j'avais le journal au téléphone* Elle va mimer l'enthousiasme, la fille qui vend d'avance un reportage à son rédac' chef, yeux plissés, air extrêmement convaincu par son baratin, cherche l'inspiration au plafond et puis revient aux reluqueurs : *Voilà*, leur dit-elle à l'aveuglette et faisant traîner les syllabes, *on pense couvrir un p'tit peu le procès Saddam* connais pas, *les femmes en politique, j'sais pas c'que vous en pensez* rien du tout ils en pensent *Là-dessus j'ai entendu des rires, ils m'ont dit vous allez pas nous faire gober qu'vous êtes là pour ça ? J'ai dit si si j'vous assure, c'est pour faire des articles* Elle rapporte le dialogue directement, le dialogue rapporté dénote une loyauté à la parole telle qu'elle a eu lieu précisément car ça se joue à la virgule près madame *Comment? on envoie une femme dans un pays comme l'Irak pour faire des articles sur la politique?* Complètement à l'ouest, les Sages. Complètement à l'est en fait, et pas étonnant qu'ils soient incrédules : à la base l'Histoire est une affaire d'hommes, une poilade mortifère entre mecs, un enterrement de vie de garçon qui ne finit jamais, ses potes ont offert au bientôt marié une pute aveuglée d'un bandeau qu'ils encerclent et à qui le roi de la soirée doit arracher son string avec les dents *Alors j'ai dit oui. Et le procès Saddam aussi ?* demandent-ils *J'ai dit oui oui* C'est une poupée pas en porcelaine qui fait oui oui *Ils y ont pas cru du tout, ils m'ont dit vous êtes une espionne. Alors bon évidemment l'argument était que j'avais rencontré des gens de l'ambassade, c'qu'on fait en général, dès qu'on arrive dans un pays à risque on va se présenter à l'ambassade ne fût-ce que* imparfait du subjonctif ayant accédé à la dignité de l'oral *pour signaler sa présence en cas de… en cas de pépin* Sourire en guise d'écriteau sur le visage signalant le tour ironique que souvent prend la lose prononcez à l'orientale *Et ils m'ont dit voilà* arabo-gallicisme *vous rencontrez des gens de l'ambassade, vous avez rendez-vous avec eux. J'ai essayé de me défendre comme j'ai pu, expliquant que c'était très banal, ils m'ont dit bon on va réserver notre verdict* Il n'est pas vrai non plus qu'ils disent bon en début de phrase, c'est elle qui ajoute, pour noyer l'Histoire dans le flux de l'oral. Pas laisser croire un seul instant, nonobstant l'incoercible désir d'y croire de l'assistance, que cette fable d'espionne et de procès et de verdict a eu plus de consistance qu'une kermesse de fin d'année scolaire de CM2 et dans la foulée on a décidé d'aller jouer chez Hervé, Hervé Labernu, parce qu'au fond du jardin de ses parents il y avait des bottes de paille sous un appentis. Empilant les bottes on a élevé une sorte d'igloo en laissant un petit rectangle vide pour l'entrée, et Hervé qui était le chef se tenait en tailleur à l'intérieur. En fait il se la jouait plutôt tipi dans sa tête parce que son père lui avait acheté une BD éducative sur le génocide indien alors il refusait d'être un cowboy exterminateur, et nous on le visitait chacun son tour pour poser une requête ou signaler un problème au niveau de la botte numéro 12. Ou alors il intervenait en médiateur d'un conflit. Par exemple quand on s'est battus avec Jules parce qu'il voulait récupérer le magazine porno qu'il m'avait passé, et moi je protestais que je le lui avais déjà rendu. C'était faux mais j'avais de bonnes raisons de le garder parce que je ne m'étais pas encore masturbé à toutes les pages. Une fois que j'avais nié, je ne pouvais plus me dédire. Jules m'a plaqué par terre, m'a fait jurer, j'ai juré, m'a fait jurer sur la tête de Platini, j'ai juré sur la tête de Platini et de toute l'équipe de France qui deux semaines plus tard serait laminée par la virilité allemande, et alors il m'a dit que s'il retrouvait le mag chez moi il me casserait le bras et il m'en refilerait plus jamais, comme ça j'allais pas pouvoir apprendre comment faire avec le trou des filles. Je lui ai dit que j'avais pas besoin de ça, il m'a dit qu'au contraire avec ma petite bite j'avais intérêt à compenser par la technique et c'est là qu'Hervé est arrivé, il nous a dit de nous relever en adoptant un parler de chef comanche, tous les verbes à l'infinitif et pas d'articles. Puis on l'a suivi sous l'igloo, sous le tipi, et il a dit : vous, tout m'expliquer. Alors nous tout expliquer. Il m'a piqué mon magazine de chattes / j'm'en fous d'ton magazine pourri. Hervé écoutait en mâchant un bout de bois piqué de biais entre ses lèvres en guise de pipe pour faire comme des hommes qui eux-mêmes sont des enfants qui jouent à être des hommes sauf qu'ils y croient vraiment ces cons. Et du coup il prend ça très au sérieux le petit d'homme devenu homme demeuré petit, il devient vraiment méchant. De sa force il veut désormais des preuves tangibles, et pas seulement ma clavicule cassée une fois que Jules m'a eu fait une clé de bras sous le regard dépité magnanime du chef comanche *Donc ils m'ont ramenée* Pour ça rien de tel que les femmes. Bon baromètre de la puissance, le cri des femmes. Au petit d'homme devenu homme demeuré petit il faut des femmes pour crier sous lui, comme une grosse caisse sur quoi taper et la résonance lui dit combien fort il tape sinon comment savoir ? L'Histoire c'est les hommes. S'ennuient d'eux-mêmes, tout pétés, tout troués, ontologiquement déficitaires, manquent d'Être comme le diabétique de sucre. Pas à l'aise dans la vie ils s'agitent dans tous les sens, vont le faire payer à quelqu'un, vont délocaliser vers autrui la petite guerre intérieure qu'ils se font pour exorciser le vivant en eux. L'Histoire c'est les hommes qui s'excitent et les femmes qui ramassent, cherchez pas plus loin. Les hommes et les femmes ça n'existe pas ? La différence sexuelle est une construction culturelle ? Ce n'est pas à moi qu'il faut le rappeler, c'est à l'Histoire. C'est elle qui divise. Elle qui sexue, elle qui partage l'humanité en deux groupes assignés à des fonctions déposées sous enveloppe cachetée à la cire des siècles. Sous la tutelle de l'Histoire, les hommes s'en foutent plein la panse, les femmes lavent les assiettes. Les hommes larguent des bombes, les femmes se terrent *dans la cave* et jouent au backgammon en attendant que ça passe. Les hommes lancent les obus, les femmes assistent à vie leur fils viré neuneu depuis qu'il s'est pris un éclat dans le crâne. Les bidasses violent, les civiles élèvent les bâtards, et plus tard dans la cour de récré on les chambre il est où ton père ? oh l'autre il a même pas de père ! et le bâtard s'énerve, tourne dingo, se tape la tête contre le mur et ça lui suffit pas, alors il prend une tête de femme et il la plaque contre le chambranle et il lui claque la porte dessus, et elle crie, et ça le soulage, et le lendemain il s'excuse il l'invite au restaurant tzigane pour se faire pardonner et là il l'embrouille de bonne foi, il lui dit je t'aime plus que ma vie on va recommencer à zéro faire un voyage et des enfants et tu vois là-bas le violoniste c'est un espion roumain à Noël il a été pris en otage pendant cinq mois avec une Française, et le surlendemain même porte même chambranle et la tête de la femme dedans, tuméfiée qu'elle en est méconnaissable, et elle ne portera pas plainte parce qu'elle a honte, ou parce qu'elle a peur, ou parce qu'elle ne saurait contester ce qui lui tient lieu de norme, ou parce qu'elle l'aime, ou parce qu'il est malade le pauvre et qu'il faut qu'elle l'aide à guérir, ou parce qu'il souffre le pauvre, c'est lui qui souffre au fond, ou parce qu'il faut bien qu'il y en ait une qui arrête le cycle et qui le fera si pas elle ? Les hommes catapultent les maisons, les femmes tiennent la baraque.

15'23"

Donc la vie a commencé dans cette cave, telle qu'elle était et telle qu'elle va être pendant tout c'temps-là. Donc une vie dans une cave qu'est-ce que c'est ? alors c'est à la fois très long à vivre et très court à raconter ou alors il faudrait autant de mots que de secondes, prendre autant de temps qu'elle en passa à se morfondre pendant qu'en haut Hervé Labernu et ses cousins de Bagdad et quelques psychanalystes new-yorkais se faisaient croire qu'ils délibéraient sur elle, ou plus sûrement ne se le faisaient même pas croire et mataient un coffret DVD réunissant les trois Parrain le meilleur c'est le 2 il est trop fort Pacino *C'que j'faisais c'était compter. Alors je comptais les jours, je comptais les minutes, je comptais les poutres au plafond* Tiens tiens les poutres au plafond, relève sur ses blocs-notes l'assistance. Elle voyait les poutres donc elle y voyait, donc elle n'avait pas toujours le bandeau sur les yeux tiens tiens – des donc pas oraux, des donc qui attachent le réel à une chaîne de causes et d'effets –, donc elle a pu voir les trois Roumains, Petrescu, Popesca et Armstrongu, passés dans sa cellule avant de repartir objectif Lune cependant que sur Terre des gens s'efforcent d'endurer la suite des jours et alors *j'comptais tout. J'comptais les pas, aussi, et une vie dans une cave c'est 24 pas par jour. 24 pas, c'est aller aux toilettes deux fois par jour et en revenir. C'est 80 mots, c'est-à-dire les mots qu'on peut prononcer avec les gardiens. Donc on avait pas le droit évidemment de parler arabe, moi je ne le parle pas, mais c'était les mots utilitaires, alors ils rentraient dans la pièce, Salam aleikoum, alors je répondais Aleikoum salam, ça fait 2 mots* Cette dernière remarque avalée par le manque de souffle de fin de phrase + doigts en oreilles de lapin pour mimer 2 + rire-nez *Ils me donnaient le thé, alors j'disais Choukrane, 3 mots* Même jeu que précédemment, re-rire-nez puis rire-toux *Enfin bon j'arrête la liste là,* il faut savoir arrêter un gag *Ensuite c'est aussi le lit, c'est-à-dire c'est ce matelas, c'est des matelas chinois en mousse épais comme ça* Elle serre un matelas imaginaire entre pouce et index *sur lequel j'étais et que je n'avais pas le droit de quitter. Alors ce matelas on fait tout dessus, c'est-à-dire qu'on sert la nourriture dessus, vous y dormez, vous y attendez parce que c'est ce qu'on fait beaucoup*, beaucoup plus qu'aller voir une expo impressionniste ou jouer au ping-pong, c'est ce qu'elle veut dire *Et euh... si on s'éloigne du matelas, même si on bouge trop sur son matelas ça provoque un frottement avec le survêtement Titanic* Cette dernière mention inutile mais rappel de gag, complicité avec l'assistance et surtout petit pas de côté pour dégonfler la métaphysique du martyre *Ça fait frrrt frrrt frrt frrt, comme ça, et c'est déjà beaucoup. Et donc plusieurs fois j'ai été punie parce que je bougeais trop sur le lit, donc c'est vous dire que c'était quand même assez encadré comme stage* Bien sûr elle ne racontera pas comment ils l'ont punie, on sait trop bien, toujours les mêmes méthodes dans ce cirque Pinder immémorial, fouet du dompteur ou viol par les chimpanzés savants et que dire donc de la douleur ? Rien, alors on passe. On passe à : stage. Drôlerie ramassée, la meilleure, celle qui tient en un mot. Rire dans l'assistance, puis rire-nez d'elle contente de son coup *Cette vie-là, je sais pas trop quoi en dire d'autre, parce que c'est vrai qu'on se demande, quand on est ici à Paris on a jamais de temps pour rien faire, et là cette espèce de temps qui n'en finit pas, et dont on sait plus quoi faire, il est là tout le temps* Le temps est là tout le temps *Et d'une certaine façon, c'qu'était rigolo* rigolo *c'est qu'y avait peu d'air, alors au début j'essayais de protester : y a peu d'air on respire mal et cætera. Et puis au bout d'un moment on s'y fait, on est dans une espèce de torpeur parce qu'y a peu d'oxygène et finalement d'une certaine façon on est un peu dans les vapes tout le temps, et voilà* tant pis pour vous, vous n'aurez pas ce que vous êtes venus chercher. Tête contre mur, détresse, maman j'ai peur il fait tout noir. La souffrance signifierait qu'on y est, or elle mime le présent et au présent allez comprendre on n'est pas vraiment présent. Ce sont les rétrospections de manuels d'Histoire qui inventent la pleine présence aux choses, mensonge sur quoi s'édifie l'événement. Dans la vie, dans les vapes, il n'y a pas d'événement et c'est tant mieux, vivre au présent est un masque à soudure qui protège des feux de l'Histoire. Et là-dessus ?

17'47"

Là-dessus au bout de deux jours, j'ai entendu un autre homme qu'on emmenait dans la pièce Un Roumain nommé Azildefu *et qu'on a installé sur un matelas en face de moi. En face de moi c'est-à-dire à quatre-vingt-dix centimètres, hein ? Donc on m'a dit voilà y a quelqu'un en face de toi, si tu lui parles tu seras punie. Donc au début j'me suis dit bon d'toute façon j'suis pas là pour longtemps, c'est sûr j'vais être transférée ailleurs* pléonasme oralité, *le verdict de ce petit tribunal* à deux balles *me s'ra favorable, j'vais être transférée dans un endroit beaucoup mieux, et donc je me pliais à toutes les règles avec beaucoup de… en faisant bien attention de pas aggraver mon dossier, en m'disant c'est temporaire j'vais pas la ramener… c'est pas la première idée qu'on a, j'vous l'cache pas* La première idée qu'on a, j'vous l'cache pas, c'est : j'emmerde vos interdictions de garde-chiourme, le type en face je lui parle quand je veux, moi j'adore parler donc c'est pas des baltringues comme vous qu'allez me bâillonner. Et puis on se rend à la raison, j'vous l'cache pas. On n'insiste pas. Faut pas les contrarier, comme disait Jules des deux jumeaux un peu attardés qui nous collaient aux basques en quatrième B. Ces types vont pas bien, c'est une évidence, on va gentiment se soumettre à leurs caprices en attendant de pouvoir les ramener en ambulance. Allez-y les gars, demandez-moi ce que vous voulez. Je peux imiter le cri de l'hippocampe, toucher mon nez avec ma langue, enlever mon soutien-gorge sans enlever le tee-shirt, hésitez pas surtout ça m'fait plaisir *Donc euh… au bout d'une dizaine de jours, c'était le 17 janvier… encore une fois on compte… y a deux ou trois gardes qui sont rentrés très brutalement… j'dis deux ou trois parce qu'on sait jamais combien on entend de voix… des gardes qui m'ont dit tu as parlé à cet homme. Alors j'ai dit non… ça faisait 81 mots ce jour-là* Le leitmotiv du décompte des mots amorcé tout à l'heure accède maintenant au statut de running gag prononcez à l'américaine et traduisez : gag qui court pour fuir ce merdier *Si, si, tu as parlé à cet homme, on t'a entendue, tu lui as demandé où est Hussein ? Ah non j'ai rien demandé* Dialogue rapporté car la vérité est à la virgule près messieurs dames *Si si si tu lui as demandé où est Hussein* Saddam Hussein ? connais pas, donc *j'ai dit non* et pour mimer le non je raidis le cou comme poule offusquée *Le type en face j'l'ai entendu nier, on parlait pas très fort l'un comme l'autre, ils nous ont fait sortir de la cave et ils nous ont battus, en nous disant : si ! vous avez parlé ! On avait pas parlé, hein j'vous l'dis, j'espère que vous me croyez, vous !* Il fallait qu'elle dise qu'elle a été battue et cela ne se dit pas. Pour enjamber ce mur d'impasse elle se donne de la vitesse – la vitesse sauve de tous les mauvais pas : sitôt le battu projeté au-devant d'elle, elle le recouvre d'une blague qui prend la forme d'une souriante prise à témoin de l'assistance. Je mets l'aveu pesant au fond du saladier et hop je le recouvre d'un bon rire-bronches et compte sur le rire des assistants pour en remettre une couche. Quoique je ne sois pas certaine à vrai dire de pouvoir compter sur eux, et c'est pourquoi mon *j'espère que vous me croyez* est perfide. Ils ne me croient pas, c'est sûr. Veulent savoir si les Roumains, Ilapabongu, Elanaveva, Hiboucaillougenu, ont été battus aussi, et avec quel bâton de commedia dell'arte, le même peut-être que tous se refilent depuis le début de l'Histoire, Ramsès qui passe à César qui passe à Capulet frère qui passe à Scapin qui passe à Raspoutine qui passe à Hô Chi Minh qui passe à Maradona, flambeau toujours repris, pas de risque d'une crise des vocations vu le désarroi frénétique et durable de la race masculine, l'Histoire est le prurit des hommes malades d'être des hommes et là ce sont les gardiens de cave qui se les grattent *Donc j'pense qu'ils n'ont jamais pensé une seconde qu'on avait parlé, mais que c'était une façon de nous intimider et de nous en couper l'envie à tout jamais* Et de moins s'ennuyer, ne dit-elle pas. À ce moment de sa performance prononcée à l'américaine, elle feint encore de croire que ces types sont animés par des raisons supérieures, qu'ils ont de la présence d'esprit, sont présents à l'Esprit, sont l'Esprit en cours d'incarnation, le Dessein en cours de réalisation. Elle garde pour plus tard la définitive révélation que ce sont des pauvres types comme vous et moi, sachant pas quoi faire de leur pomme d'Adam *Donc euh… la vie a continué, j'étais en face de cette personne, j'l'entendais bouger j'l'entendais respirer. Quand il pleurait trop fort ils redescendaient, ils lui disaient tu vas encore être puni t'as pleuré trop fort, on a dit pas de bruit* Il faut bien qu'elle le dise qu'elle n'a pas pleuré, ça fait partie de ce qu'elle est venue annoncer, et pourtant elle ne peut décemment pas le dire. Problème. Et solution : le suggérer dans le négatif du chialeur des Carpates prostré en face d'elle. Un homme et une femme sont dans une cave, les deux sont battus, qui pleure ? L'homme. La femme, elle, endigue ses larmes en posant ses couilles devant ses yeux et serre les dents en espérant que son compagnon ravale ses sanglots criards sinon ça risque d'énerver les oisifs en haut. La femme habite l'ici, l'homme est dans le nulle part du romantisme, pédale dans cette semoule réversible qui fait s'enthousiasmer un soir et s'affaisser le lendemain, qui le gonfle d'orgueil et accable de honte, gloire et dépression, triomphe et larmes, morgue et rasage de murs voilà les hommes. Ceci est un fait : pendant quatre mois, un homme et une femme sont accroupis à un mètre l'un de l'autre dans le noir, souvent l'un des deux pleure et ce n'est pas la femme, trop concentrée à faire durer le bout de vie qu'il lui reste et *donc ça s'est poursuivi comme ça.*

Running gag sur les Roumains.

19’21”

Autour du 20 janvier environ j’ai rencontré Jeanne dans un speed-dating et *on m’a appelée dehors. Alors c’était toujours le même procédé, à cette époque-là c’était* www. *Leila*. pipe. *Ensuite on a changé les appellations quand l’endroit s’est un petit peu normalisé. Donc au début on m’appelait Leila, mais au bout de deux mois on m’a appelée numéro 6* petite moue amusée : *c’est plus joli* re-petite moue amusée *Le type en face c’était numéro 5* Pour tout commentaire un mouvement de tête du genre me d’mandez pas pourquoi. Pas chercher à comprendre ces charlots va-t-en-guerre, ces bidasses en folie. L’assistance en rirait si elle n’était pas sérieuse, responsable, citoyenne, si elle n’avait une haute idée de sa mission d’informer. Or là, il est de son devoir de redoubler de vigilance : numéro 5, numéro 6, ces nouveaux éléments la portent à croire qu’il y avait d’autres prisonniers dans cette cave, au moins quatre puisque le 4 souvenez-vous Watson est le chiffre qui précède le 5, ah-ah on la tient, titre pleine page demain, la thèse des Roumains accréditée. Certes les Roumains se sont toujours comptés trois, mais il suffit d'en imaginer un autre dont on ne se serait même pas rendu compte de la disparition, un certain Fantomassu *Donc ce jour-là on m'a appelée Leila, et c'était toujours la même façon de nous appeler dehors, on ne savait jamais de quoi il s'agissait mais la façon de le dire était toujours la même, c'était* Elle marque un temps, se redresse, ne veut pas rater son imitation, robotise son ton pour séparer les syllabes : *Leila, toilettes* S'emmerdent, les types. Alors jouent aux soldats. La barbarie est fille aînée de l'ennui. Si au bout de douze heures le sniper couché sur son toit n'a pas vu un uniforme, il se met au défi d'exploser toutes les tronches passantes que son viseur attrape, et il le fait, hommes femmes enfants et mouches vertes subséquentes aux premières touches. À la troisième mouche explosée, il se dit je suis ze king et il le prononce à l'américaine *Donc on s'lève, et en haut m'attendait ze boss. On m'a fait asseoir les yeux toujours bandés, pieds et mains attachés, face au mur, et il m'a dit voilà ça arrive à rien avec votre ambassade donc on va faire une vidéo. Bon, je voyais à la façon dont il me parlait qu'il était pas… qu'il voyait où il voulait en venir mais que sa façon de faire était pas… il avait pas encore très bien fixé ce dont il voulait… il hésitait un peu* Euphémisation du gros niveau de guignolade en face. Il hésitait carrément, oui. Complètement paumé ze patron. Depuis la cave les gens sans Histoire – les femmes – se disent qu'au moins le B-52 en train de défoncer la robinetterie de leur appartement du cinquième sait ce qu'il fait. Qu'il a des ordres. Une stratégie. Qu'on lui a dit ce lavabo au cinquième il faut absolument le détruire, treize tonnes d'uranium ainsi que des armes de destruction massive ainsi que la formule chimique de l'antidote à la démocratie ainsi qu'un espion roumain du nom de Paspartu sont planqués dans le tuyau qui le relie à l'évier de la cuisine et qu'il faut aussi rayer de la carte. Mon cul qu'ils savent ce qu'ils font. Ze boss, il est là parce que son business immobilier a capoté à cause de l'invasion américaine. Après avoir pataugé dans la contrefaçon de iPod, il essaie maintenant de conquérir le marché de l'Histoire, son cousin colombien lui a téléphoné qu'il y avait du biz à y faire, très très bonne conjoncture depuis cinq six ans gros retour de hype de la guerre mondiale. Il s'est lancé le 11 septembre dernier, Occident-Orient gagnant-gagnant. Tous les soirs pour se pénétrer de son rôle il apprend par cœur une nouvelle réplique de Five Months in Hell prononcez à la hongkongaise sous-titré en italien *Alors moi c'est quelque chose, bon, hein, on est journalistes, on sait comment ça marche, on sait qu'y a des vidéos, on les a tous vues, hein, avant de s'y voir. On sait qu'y a des vidéos, qu'y a des banderoles dans votre dos, qu'on va vous dire de dire je m'appelle Florence Aubenas, je travaille pour Libération. Donc, euh… j'avais réfléchi, hein, j'avais le temps* Trente secondes qu'elle n'avait pas fait d'humour, risquant de déroger à son rythme de stand-up prononcez à l'américaine

Donc je m'étais moi un peu fixé les règles auxquelles… qu'est-ce que j'accepte, qu'est-ce que j'accepte pas. Là je vous le dis de façon brutale, évidemment là-bas c'était pas le cas, j'la ramenais pas Maintenant elle la ramène et elle a bien raison *mais j'avais essayé d'me dire qu'est-ce que j'peux faire ? J'm'étais dit moi c'que j'veux éviter à tout prix, mes deux peurs, mes deux choses* En oral chose peut vouloir dire beaucoup de choses, et aussi plein d'autres choses *c'était de faire des vidéos publiques, des vidéos qui seraient diffusées sur Al-Jazira, enfin je l'dis sans…* sans sous-entendu, elle ne sous-entend rien, elle dit ce qu'elle dit et fait ce qu'elle fait une poire est une poire quand je parle je parle, si elle voulait brocarder Al-Jazira elle se gênerait pas, la vérité est qu'elle n'a rien à reprocher à cette chaîne pour la raison assez simple qu'elle s'en fout *je l'dis parce que c'est la voie normale, et l'autre chose* Chose peut aussi vouloir dire sanglier mais là ce n'est pas le cas *était le fameux ultimatum avec la kalachnikov sur la tempe et dire dans trois jours on m'exécute si… euh… je ne sais quoi* Peu importe la monnaie d'échange, loi française sur le voile prisonniers politiques lave-vaisselle en promotion week-end avec Donald Rumsfeld connais pas *Donc ça c'était les deux images dont j'voulais pas. Donc j'attendais. Il me dit voilà on va faire un ultimatum, j'me dis ça y est*, j'me tape le front genre et voilà c'est pour moi, j'ai encore tiré le mauvais numéro, y avait la carte on me libère, la carte on me transfère, et moi je tire l'atelier vidéo auquel je ne voulais pas m'inscrire c'est ballot *Alors il m'dit voilà alors il faut dire dans trois jours une semaine on va m'exécuter. Alors là j'ai demandé... ça m'intéressait aussi, notez...* Avant il y avait les humoristes, ils s'avançaient sur une scène et tissaient du rire sur le métier de longues séquences grammaticales, cela prenait un temps fou. Là ça tient en un mot, à peine audible dans la descente de fin de phrase : notez. J'vous avouerais aurait la même fonction. Connaître la probabilité qu'on m'exécute m'intéressait j'vous avouerais, alors *j'ai demandé c'est vrai ? Le type m'a dit ah non j'vous jure que non !* Rire de l'assistance parce qu'elle a imité ze boss se redressant et prenant un air de la vérité si je mens, de *j'vous jure sur le Coran on va pas vous exécuter, c'est juste parce que faut l'faire* Sourire, prise à partie de l'assistance nuque redressée, œillade entendue, complicité : *bêtement on s'rassure de peu, hein ? Donc j'ai dit bon ben alors j'vais pas l'faire si c'est pas vrai*, j'vais pas nettoyer l'évier puisqu'il est propre. Exprès de prendre un ton d'évidence pour convoquer le bon sens dans un lieu qu'il a déserté, pour faire jouer sans illusion la bonne foi contre la mauvaise, chieuse subtile et se foutant de la gueule de l'autre qui évidemment ne se rend pas compte *Ça l'a fait rigoler* Ou peut-être pas. À y réfléchir on peut même être sûr que non, sauf qu'ainsi elle suggère qu'elle trouve elle-même drôle cette blague balancée ou non à la face de son geôlier, il faut se savoir drôle pour l'être *Il m'a dit ah bon ? Ben j'lui ai dit si c'est pas vrai on va pas faire un ultimatum* Même ton que réplique précédente, calcul élémentaire du genre un + un = *Donc on était tous les* deux *un peu à tâtons, on savait pas comment ça allait s'finir et finalement il m'a dit bon ben en tous les cas on va l'mettre sur Al-Jazira* Re-yeux fermés de dépit tendance j'ai vraiment pas d'pot moi *J'ai dit ben non* rire-bronches *j'aimerais pas… j'ai de la famille… ça m'dit trop rien* Qu'on me trempe la tête dans une marmite d'eau bouillante ça m'dit trop rien *Alors mon père est immédiatement tombé très malade, ma mère : très malade aussi, sœur : à l'agonie, frère : pareil, et tout le journal la même chose en grève de la faim* Égrenant ici et maintenant ces malheurs inventés là-bas pour justifier son refus de la vidéo, elle prend un ton d'alouette je te plumerai. Et ne se retient plus. À la rigueur elle a effectivement fait valoir un père malade et le raconte, mais après c'est de l'emballement en live, voyant que ça fait rire elle presse le citron comique jusqu'à l'évider, se grisant de sa propre trouvaille, montée en puissance progressive de la parole, et la mère et le frère et la sœur et tout le journal et toute la France, désir de faire rire jamais rassasié. C'était Jules qui m'avait inscrit malgré moi à cette soirée de rendez-vous rapide dans un restaurant de fruits. J'lui ai dit c'est quoi ce machin ? Il m'a expliqué que c'étaient des célibataires frustrés qui avaient droit à sept minutes de discute avec des célibataires mal baisées. Il était content de son coup, je lui ai dit t'es vraiment trop con, d'façon j'm'en fous j'irai pas. Et comme il me traitait de fiote, j'ai dit j'irai. Le soir venu, j'ai commencé avec une Annabelle qui a dit qu'elle rêvait d'un homme avec qui partager des émotions, enchaîné avec une Éléonore qui en avait assez de l'hypocrisie, et puis ç'a été le tour de celle qui ne s'est pas présentée d'abord comme Jeanne mais comme Jean-Pierre. J'ai eu un rictus de non-dupe puis elle a expliqué pendant six minutes qu'elle trouvait dingue qu'on ne la croie jamais, et qu'elle n'y pouvait rien si ses parents lui avaient donné le prénom de ce bouffon de De Gaulle. J'ai froncé les sourcils, elle a dit que Jean-Pierre était le deuxième prénom du Libérateur, après Général. Comme la montre m'imposait de changer de table, elle m'a aussi livré son patronyme, Chevènement. C'est elle qui m'a appelé quinze jours plus tard, le 6 février, je m'en souviens parce que la veille c'était l'anniversaire de Jules. Elle a dit : c'est Jean-Pierre la meuf avec des gros seins tu t'souviens ? Ah oui salut. Beh alors pourquoi tu me rappelles pas, t'aimes pas ma gueule ? Si si. Ben alors fallait rappeler. Ben oui mais non. Tu sais pas c'que tu veux ? t'as la virilité qui psychote ? Non, non. Alors magne-toi de me rejoindre, je suis esplanade des Invalides côté pont. Au moment où je suis arrivé, elle feignait de mendier en prenant un accent de l'Est, bras hors des manches pour apitoyer. J'ai dit vous êtes roumaine ? Elle a dit que la Roumanie était une invention des Historiens. Un sexagénaire lui a donné une pièce qu'elle m'a refilée aussitôt, ce qui m'a distrait et je n'ai pas vu venir sa bouche sur la mienne. En m'embrassant elle a posé une main sur mes fesses. Quand elle s'est écartée, elle a dit tu m'aimes ? J'ai dit c'est un peu tôt. En plus il répond ce con. Ben quoi ? Évidemment qu'tu m'aimes pas, en sept minutes t'as pas eu le temps de voir quelle supernana j'suis. Elle s'est étonnée que je n'aie pas mes affaires de piscine. J'ai dit n'avoir pas compris qu'on allait à la piscine. Elle a ri et dit tu me vois à la piscine avec mon gros cul ? Il est pas gros ton cul. Te fatigue pas, va. Non mais j't'assure. Puisque tu le trouves si bien mon cul j'vais te le montrer chez moi. Bon. T'as pas peur en avion au moins ? On y va en avion ? T'es vraiment con, mon pauvre. Je plaisantais. Ouais, admettons. Mais si, j'te promets. Ouais, admettons. Puis elle m'a demandé de prendre les devants parce qu'elle ne se rappelait plus où elle habitait. J'ai dit que je ne pouvais pas savoir. Elle a dit qu'en se concentrant bien elle allait retrouver. J'ai dit ben quand même. Elle est d'abord entrée dans une pâtisserie de luxe en disant c'est là. J'ai dit arrête un peu de me pipeauter. Elle a dit toi t'es un malin, on t'embrouille pas comme ça. On est ressortis et au bout de quelques mètres elle s'est immobilisée pour dire qu'elle avait un truc important à me dire. Je me suis dit qu'elle était frigide, ou qu'elle avait ses règles, un soir Jules m'avait dit quand ça merde c'est soit l'un soit l'autre. Elle s'est élevée sur la pointe des pieds et d'une voix conspiratrice m'a glissé dans l'oreille en fait je m'appelle pas Jean-Pierre. Putain tu m'as fait peur. T'avais peur que je m'appelle vraiment Jean-Pierre ? Non, que tu aies un gros problème. Mais c'est un gros problème de pas s'appeler Jean-Pierre. Tu t'appelles comment alors ? Jean-Paul. Arrête tes conneries. Et mon nom de famille, c'est Deux. Allez, crache. Mon vrai prénom c'est Jeanne. J'avais une prof de maths qui s'appelait Jeanne. Non ? ? ! Si, j'te jure. C'est dingue. Tu t'fous de moi. Non, tu penses. Ouais, admettons. Par contre Chevènement c'est pas vrai non plus, a-t-elle repris au pied de son immeuble, composant les quatre chiffres du code qu'elle n'oubliait jamais, a-t-elle ajouté, parce que mis bout à bout ça faisait 6538. Quand elle a poussé la porte de sa chambre de bonne, je ne riais plus parce que je venais de me rendre compte que je n'étais pas du tout excité. Alors j'ai noyé le poisson. En détaillant son lot de casseroles j'ai retardé le moment qu'on se déshabille, puis fait valoir un rendez-vous avec mon banquier pour écourter. Mais invité directement chez elle le coup d'après, ça n'a pas fonctionné non plus malgré toutes les autostimulations possibles pendant qu'on s'embrassait nus. À titre de nouvelle diversion j'ai lancé un regard saturé d'âme vers la fenêtre et lui ai dit que j'étais avec une fille, qu'on allait se séparer mais qu'étant encore un peu amoureux ça me gênait de tout de suite recoucher avec une autre. Elle a dit qu'à ma place elle coucherait avec les deux, dans le même lit si possible, moi ça me gêne pas je suis pas jalouse. T'es immorale. Qu'est-ce que tu veux que je dise ? Nous sommes sortis prendre un café et à partir de ce moment nous ne nous sommes plus vus qu'à l'extérieur. Bars, parcs, ponts, nous écumions la ville que le printemps rendait hospitalière. Tout me donnait l'impression qu'elle attendait que je me débloque. Et moi je savais que ça ne se débloquerait pas. J'étais emmerdé. Il y a deux semaines, j'ai commencé à ne plus répondre à ses appels *Alors il m'dit ouais* prononcez well *on va l'faire à destination de l'ambassade. C'était plus une façon d'acter la prise d'otages qu'autre chose.*

24'03"

Là-dessus, je redescends dans la cave, et euh… la vie continue la vie la vie la vie continue continue continue, *je n'vous refais pas le nombre de mots, le nombre de pas, le… y a pas grand-chose à en dire* Prétérition, figure née à Lascaux mais recyclée ici en la rendant compatible avec l'impératif moderne de brièveté. La prétérition ancienne est une ruse de l'emphase, une façon de se dédouaner de la lourdeur en l'avouant. La moderne tient, à une ou deux brèves phrases près, son engagement de taire. Une ou deux phrases qu'elle ponctue d'un enfin bref ou d'un peu importe ou des deux enchaînés *J'attendais, donc j'me disais alors ce procès où ça en est?* Tête relevée vers l'assistance : *Vous savez, nous les taulards on est tous un peu pareils, hein?* Ayant accosté à ce continent de rire aussitôt cartographié par l'assistance, elle décide de l'explorer *Le verdict? toujours rien… Que fait mon avocat? ah oui c'est vrai j'en ai pas* Gros rire-toux vrillé en aigu *Donc ça s'est continué comme ça, jusqu'au 6 février... pourquoi j'me souviens d'la date? c'est mon anniversaire* Aparté pour soi, information livrée à part soi, même musique que les phrases que ponctuent le bref ou le peu importe, on baisse la voix et on dépote à toute vitesse une parenthèse nécessaire mais sur quoi on ne s'appesantira pas, dont on ne veut pas lester le public roi. La furtive grimace qui suit dit justement : sans commentaire. Il fallait le dire, que c'était son anniversaire, et dire aussitôt qu'il n'y a rien à en dire *Le 6 février, tout à coup : Leila, toilettes* Même ton même gueule qu'à la première occurrence de ce gag d'abord installé, puis reconduit à intervalles réguliers, comme un refrain, avec à chaque fois les mêmes notes le même rythme : Lei-la toi-lettes, dernière syllabe plus aiguë sur quoi se casse sa voix écorchée comme une main de maçon. Musique d'orfèvre. C'est une musicienne, une technicienne, l'Histoire est finie voici venu le temps des techniciens *Donc j'suis montée : ze boss* Grosse science du récit. Une fois les bases posées, vous pouvez y aller sur l'ellipse et ne plus vous encombrer d'un et là il y avait ze boss évidemment. Ze boss suffit. Mécanique d'horloger. C'est une mécanicienne *Alors lui aussi il avait changé d'nom* Ils s'ennuient, ils changent de nom, ça les divertit de ce cachot où ils sont séquestrés avec elle *Alors moi j'étais devenue numéro 6* et donc il y a cinq Roumains : Neil Armstrongu, Eugène Ionesco, Nadia Comaneci, Ilie Nastase, Dracula *et lui il est devenu Hadji. Alors Hadji pour ceux qui ne le savent pas, c'est le... c'est un terme respectueux qui est couramment utilisé et qui désigne à l'origine les pèlerins, ceux qui vont à La Mecque et qui en reviennent et euh… qui donc nécessitent cette marque de respect de celui qui a fait le pèlerinage et qui s'est rendu là-bas* S'exiler de l'Histoire n'empêche pas qu'on l'ait parcourue, comme un roman *Donc là j'me suis un peu risquée, j'lui ai demandé mais au fait c'est quel groupe ? Il a dit on peut rien dire. Mais il m'a dit on est des moudjahidin, donc des combattants, c'est comme ça qu'il s'est présenté, on est des moudjahidin et on combat les Américains en Irak. Bon j'me suis dit après tout j'fais pas d'interview* Rire-bronches + tête relevée vers l'auditoire pour évaluer son effet *j'avais pas d'carnet, rien, j'me suis dit oh j'ai l'temps d'faire connaissance* Re-rire-bronches, mais tête baissée cette fois, cette blague pas l'appuyer, signifier plutôt à l'auditoire que celle-là on ne lui en voudra pas s'il n'en rit, que limite il ne faut pas, qu'on s'excuse, qu'on a des coups de fatigue, normal c'est du sport, du sport de *Il m'a dit on* combat *les Américains ici, et il m'a dit on est un mouvement religieux. Là-dessus j'lui dis bon. Et il m'dit vous pensez qu'on est quoi ? qu'on est chiites ou qu'on est sunnites ? Alors c'était facile, hein, pour ceux qui connaissent l'Irak, j'ai dit ben, sunnites* Ton d'évidence porté par le ben. Trop fastoche ta question, blaireau, j'pourrais me fâcher qu'tu me la poses, j'pourrais mal le prendre patron. Ze boss, elle le domine du haut de son verbe, elle le rabaisse au rang de diplomate en CDD, de stagiaire précaire de la négociation *Il m'a dit pourquoi ? Ben j'ai donné la bonne réponse* Rire-nez, tout prendre comme un jeu c'est une autre technique, ou en tout cas le rapporter comme tel + précision à l'attention de l'assistance pour qui les musulmans s'appellent tous Ali : *les chiites n'enlèvent pas les journalistes, c'est ce que j'lui ai dit. Il m'a dit ben c'est ça, vous avez bon* Le pèlerin n'a sans doute pas parlé comme ça, sans doute pas emprunté lui-même au lexique du jeu, néanmoins il est possible qu'il ait affiché la mine qu'elle accroche maintenant à son visage, stupéfaction béate de l'Esquimau après qu'un ours polaire lui a lancé ça va comme tu veux Nanouk ? Ze boss il en revient pas *Donc euh... là-dessus il a déballé des sacs en plastique, et dans les sacs en plastique il m'avait amené des chips. Il m'dit voilà... j'vois qu'vous n'allez pas bien* La précision du rapport veut qu'elle évoque à un moment sa santé dégradée, sans quoi elle serait approximative sur les états du corps, du corps notre seul site, du corps nous n'avons que lui. Et pourtant elle ne le peut sans apitoyer facile. Impossible de dire, impossible de taire, alors elle invente une technique une mécanique une musique, elle passe par la parole de ze boss, comme tout à l'heure elle a dit son absence de larmes en passant par celles de son compagnon de cellule Emil Cioran *Et donc on a mangé les chips.*

26'35"

Et deux jours plus tard il est revenu, il m'a dit bon, on va r'faire une vidéo. Votre ambassade toujours rien j'y arrive pas, j'sais pas comment les faire bouger, on va faire quelque chose pour essayer de contourner l'ambassade et atteindre directement Chirac. J'me suis… j'allais pas donner de commentaire mais bon… Là-dessus il m'a dit, bon est-ce que vous avez son e-mail ? J'avais pas mon carnet, non plus. Là-dessus il m'a dit bon comment on va faire ? Est-ce qu'y a un parti d'opposition en France ? J'ai confirmé. Il m'a dit est-ce qu'ils ont un site Internet ? Là sincèrement… là je rigole aujourd'hui c'est ma façon de faire, mais ça m'a pas fait rire beaucoup, j'me disais j'en ai pour cinq ans. Si on en est à l'e-mail de Chirac et au site du parti socialiste… Donc là j'vous dis j'préfère en rire, hein, mais c'est pas… c'est pas c'que je faisais à cette époque. Donc il m'a dit bon mais… qu'est-ce qu'il fait ce parti d'opposition ? J'ai dit il se présente aux élections. Il m'a dit bon on va parler d'autre chose.

Intéressant ce personnage, car c'en est un, à eux tous seuls, des assistants.

27'48"

Hier Jules a dit allons à la cinémathèque, j'ai dit non on va aller aux Champs, il a dit c'est nul les Champs, j'ai dit en juin c'est plein d'Américaines, il a dit tu parles elles font que sucer, j'ai dit c'est déjà pas mal, il a dit tu verras quand elles te laisseront au milieu du chemin tu feras moins le malin, j'ai dit elles ont des gros seins, il a dit Condoleezza Rice elle a pas de gros seins, je lui ai dit connais pas, *il m'a dit mais moi j'ai une idée, j'ai dit ah bon? il m'a dit on va… on va contacter monsieur Julia* Elle écarquille ses yeux éberlués d'alors, mais les assistants ne la regardent pas, depuis trois secondes ils sont tournés vers le non-lieu indiqué par le signifiant-pancarte qu'ils attendaient depuis vingt-sept minutes et cinquante-trois secondes. Ça s'excite dans la salle du Press Club, ça se trémousse, ça va enfin savoir de quelles Historiques Manœuvres le bonhomme a été l'instigateur et Julia ça sonne un peu roumain non? En vain va-t-elle s'atteler à

vont avoir

démontrer que tout cela c'est cacahuètes et merde de taureau prononcez à l'américaine *Là j'ai ri, je le confesse, et j'ai dit ah non! Il m'a dit on va faire une cassette et sur la vidéo vous allez appeler monsieur Julia au secours. Ah non! j'lui ai dit, c'est juste pas possible* Américanisme : Julia, just impossible *C'est pas possible j'vais m'ridiculiser, j'vous l'dis franchement* Haussant la voix elle ne le raconte pas, elle le refait. S'il ne fallait qu'un commandement à la nouvelle Table derrière laquelle elle est assise, ce serait : au ridicule tu échapperas. En l'occurrence tu te préserveras de la moindre collusion avec les Occidentaux autoproclamés amis du monde arabe, avec tous ces négociateurs free-lance librement lancés aux trousses de quoi déjà? *J'vais m'ridiculiser, on va dire que j'suis folle* comme l'Histoire *et donc ben non. Alors je m'suis dit p'têt j'confonds, alors j'ai demandé : Monsieur Julia c'est bien celui de l'autre enlèvement? Celui qui a prolongé les négociations dans l'enlèvement précédent?* Elle ne l'a peut-être pas dit sur le coup, elle n'imagine que maintenant cette question chambreuse et elle fait bien. Elle raconterait avoir feint de confondre avec Julia Roberts, elle ferait bien aussi. À malin maligne et demie *C'est comme ça qu'on tourne les choses*, comme ça qu'on fait du côté de l'Orient opaque comme un minaret, l'Orient hermétique comme un loukoum, l'Orient retors comme l'Orient *Alors il m'dit ben oui!* Elle force l'exclamation, se foutant une fois de plus de ze boss qui n'a rien capté au monstre de malice qu'il a sous les yeux. *J'ai dit mais et alors? Et alors il a éclaté, il a dit vous êtes un otage nul. Ah bon ? Vous ne comprenez rien à rien : justement, ce type a été humilié et il va vouloir se venger* Elle regarde l'auditoire bien dans les yeux, comme s'extrayant soudain de son monologue : *Je répète un dialogue, hein ? donc tout ça est une citation de ce que m'a dit Hadji* Depuis le début ce genre de mise à distance est assurée par les mines gestes intonations et autres outils d'imitation, mais cette fois il faut dissiper toute équivoque sur la structure énonciative, tout début de croyance en sa possible adhésion au raisonnement de Hadji ze pèlerin *Donc il va vouloir se venger* continue-t-il *et donc il va être très actif pour essayer de vous libérer, ou en tout cas il va nous servir pour savoir ce que fait votre gouvernement et pourquoi ça marche pas* Orient terre du jeu d'échecs, des stratégies à triple face, du billard à neuf bandes, du cercueil à six planches *Alors bon, moi j'ai dit écoutez c'est pas possible, moi j'peux pas faire ça c'est… c'est… c'est ridicule, j'le sens pas du tout. Et vraiment quand il me donnait ces arguments, maintenant à la lecture de ce qui s'est passé c'est… c'était des arguments, mais à cette époque-là, moi accroupie par terre, je l'voyais pas du tout. Donc je lui ai dit non c'est pas possible, donc il m'a dit bon ben d'accord, très bien, allez-y : je m'appelle Florence Aubenas. Alors là-dessus* le téléphone sonne deux fois déclenchant l'annonce du répondeur et après le bip s'entend un bruit de rue et de pas bottés puis la voix à court de souffle de Jeanne ouais je voulais juste te dire que j'te trouvais très courageux, mais alors très très courageux de plus donner signe de vie. Peut-être que dans un monde un peu civilisé t'aurais, je sais pas, laissé un mot pour dire ben voilà on s'est vus mais on s'verra plus parce que machin j'sais pas quoi, enfin bref t'aurais dit des trucs. Dans un monde un peu moins que parfait et un peu mieux que nul. Au lieu de ça plus un mot depuis trois semaines, non vraiment chapeau, rien à dire, c'est de la faiblesse de niveau mondial, aux prochains JO tu devrais t'aligner sur l'épreuve individuelle de faiblesse, tu cartonnerais. Si je détestais pas le mot, je dirais même que c'est de la lâcheté, t'as qu'à voir si j'ai une grande grande estime pour ton comportement. Tellement d'estime que j'vais te laisser une dernière chance de fréquenter une star de ma dimension, j'ai nommé bibi. Puisque t'es chez toi à t'astiquer la nouille devant la télé et à filtrer tes appels comme un cochon, je te rappelle dans dix minutes et là tu sais tout de suite que c'est moi. Comme tu m'adores, tu décroches, et tu sais quoi ? tu me parles ! Du verbe parler, premier groupe. Je parle tu parles il parle elle parle avec lui, il parle avec elle, ils ont pas peur, ils restent pas à se regarder d'un bout à l'autre de la boîte de nuit comme deux huîtres, non, ils se parlent, ils se disent bonjour ça va ? qu'est-ce que tu deviens ? t'as repeint ton garage en bleu comme t'avais dit ? enfin bref tu vois des choses assez simples finalement, si simples que même un débile comme toi pourrait assurer la conversation. Maintenant, si t'as peur de pas savoir quoi dire, t'en fais pas, j'te soufflerai ton texte. Allez salut blaireau, t'as intérêt à décrocher tout à l'heure sinon je te fais inoculer l'hépatite B par mon cousin médecin. Elle raccroche brutal, suivent trois courtes tonalités dont une longue puis *ce rituel de la vidéo a repris.*

→ digression pour dire que ce moment de la conférence est sans intérêt !

30'11"

Donc le traducteur était assis, il écrivait le message qui a toujours été un peu le même, c'était toujours je m'appelle Florence Aubenas, je travaille pour Libération, voilà je suis malade, je vais mal, s'il vous plaît aidez-moi Même ton que pour dire j'ai des cheveux, ils sont emmêlés, s'il vous plaît donnez-moi un peigne *Donc j'le lisais mot pour mot, enfin j'apprenais par cœur mais j'le disais mot pour mot* Mot pour mot, c'est la sagesse de juste avant la fin de l'Histoire. Faire ce qu'elle nous demande, l'Histoire, soumis à ses dernières volontés se mettre en position mécanique, accéder à la patience des robots, ravaler encore un temps son envie de vivre enfin et laisser dire, comme avec un vieux salaud à l'agonie qu'il n'est plus temps de contrecarrer ou sermonner et encore moins convaincre. Lui donner les derniers soins en l'écoutant sans broncher ressasser ses saloperies. Oui mon oncle les Juifs se sont partagé le monde et mènent l'Occident à sa perte. Oui mon oncle les Arabes ne méritent que la gégène et on aurait dû finir le boulot, oui mon oncle il nous a manqué trois ou quatre ans c'est quand même con. Oui mon oncle l'Amérique est le grand Satan qu'il faut raser de la surface. Oui mon oncle groupons-nous et demain l'Internationale sera le genre humain. Des têtes au bout des piques parfaitement mon oncle. Je paraphe des deux mains. À la virgule près mon oncle. J'aurais pu le dire moi-même, mot pour mot. Parle encore mon oncle, dis-moi encore quoi penser de la vie, lègue-moi ta clairvoyance informée, ce que ton expérience t'a fait savoir que mon âge encore tendre ignore. Crache le morceau et ton venin mon oncle, pends bien ta langue et étouffe-toi avec, qu'on en finisse, qu'on n'en parle plus, il y aura de grandes funérailles, tu emporteras dans ta tombe ta légion d'honneur et l'Histoire qui te l'a value, nous ferons venir tous tes fils et petits-fils, nous pleurerons avec talent devant ta dépouille, saluerons ta veuve poétesse pour la dernière fois et partirons vivre enfin *Et en tant qu'otage nul j'avais toujours du mal, alors il me faisait reprendre vingt fois : ça va pas, vous le faites mal, pleurez mieux. Donc c'était des répétitions à n'en plus finir, alors à la fin il finissait par s'énerver : mais avec vous c'est impossible ! je perds toutes mes après-midi ! ça met trop d'temps !* Des rires assistants valident son imitation de ze boss en petit patron grincheux, en commerçant vénal et caractériel et tendu et pas méchant au fond. Elle fait traîner les syllabes comme pour les plaintes d'Hussein tout à l'heure, lamento outré de café du commerce, celui-là même où Hadji allait boire son thé à la menthe et jouer aux dominos avant de monter sa petite affaire, sa petite échoppe d'otages.

30'56"

Donc là-dessus, re-cave. Puis enfin ça l'enregistrement, le casting, son quart d'heure de célébrité avec les cheveux sales, pour un peu on en aurait pleuré quelle rigolade *se termine. De nouveau dans la cave et cætera* En oral, et cætera équivaut à enfin bref ou à peu importe, ou aux deux mis bout-à-bout, ou à pas mal d'autres choses mais enfin bref c'est pour abréger, pour vous la faire courte, pas lester la montgolfière, pas plomber l'ambiance, la vitesse nous sauvera de la lourdeur, de la pesanteur, de la terre sous les chaussures et cætera, la vitesse nous sauvera de tout *Le temps passe. Les assiettes de riz. Le matelas. Le type en face de moi* Décor et protagonistes bien posés, bruit de fond du récit d'où peut saillir le gag courant, si bien planté que supportant d'être pour part tronqué, l'assistance conquise complétant muettement : *À la fin du mois de février : numéro 6, toilettes* Même note aiguë semi-aphone sur la dernière syllabe *Je remonte, là il était très fâché. Je comprends qu'il me dit : voilà jusqu'à présent j'ai écouté c'que vous m'avez dit mais là y a toujours rien, alors vous allez m'faire ce message à monsieur Julia* Oreilles dressées des assistants, dernière chance pour eux de ramener un peu d'Histoire dans des salles de rédaction qui la relaieront, la grossiront, l'ébruiteront en vacarme d'une locomotive en marche et ce sera reparti, les avions-bombes, les Pêches Melba se pissant dessus dans leur contenant de verre *Alors j'étais assise par terre comme toujours, j'le sens qui s'approche… on entend le souffle des gens… il m'dit vous fermez les yeux mais vous retirez le bandeau. Donc je l'fais. Je sens qu'il me regarde de très près. Vous savez quand on est comme ça dans des situations d'enfermement, on apprend vite à pas bouger, vous avez vu que j'bouge beaucoup* on a vu *mais là ça m'a passé. J'ai vu que l'inspection lui convenait, c'est-à-dire que ça faisait deux mois que j'étais dans cette cave, deux mois et j'vous ai pas compté les douches parce que ç'aurait été encore plus vite fait c'était une par mois* rire-nez *donc on est moyennement en forme* J'ai été piétinée par un troupeau de buffles néonazis, je suis moyennement en forme *Moi qui prenais un soin scrupuleux à boire du Coca light et de l'eau minérale, là y en avait pas, donc on est souvent malade et pas bien, y a tout un tas de… enfin on dort mal, on est pas au mieux quoi* J'ai été piétiné par un troupeau de buffles néonazis, je ne suis pas au mieux. Je ne suis pas au mieux depuis qu'on m'a torturé aux électrodes. Tellement pas au mieux que je suis décédé. Je me suis éteint. J'ai passé. Je nous ai quittés. Je suis mort quoi. Le quoi en bout de phrase est un autre levier de vitesse *Donc je vois que l'état de fatigue et le reste lui convient. Il m'dit bon ça va, on va la faire cette vidéo. Ce sera sur Al-Jazira. Bon, là j'ai pas pu…* Rire-narines et grosse ellipse ici – meublée par les points de suspension – entre son refus de la vidéo de tout à l'heure et la décision autoritaire de ze boss qu'il y en aurait une. Entre les deux, des coups de bâton dans les fesses peut-être, ou alors un autre revolver sur la tempe qui lui a rappelé que, selon la nouvelle Table derrière laquelle elle s'est assise, la proscription du ridicule est subordonnée au devoir de vivre *Il m'dit bon on va faire un ultimatum, j'ai dit non, pas d'ultimatum, il m'dit bon d'accord ok ok ok. Bon et là-dessus, quelque chose me dit que vous avez eu vent de cette cassette* Regard baissé : blague puis rétractation immédiate de la. Mais effet escompté obtenu : euphémisation / dégonflement de la cassette qui a fait chialer la France moi le premier encore Historien à l'époque, qui a fait qu'on avait envie de la prendre dans nos bras et qu'on s'est mis à l'appeler Florence. Restituant les poussives délibérations qui ont présidé à la cassette, elle en désamorce l'émotion et se dérobe a posteriori à notre étreinte compassionnelle *Donc euh… de nouveau je l'ai répétée vingt fois* Du par cœur. On s'en doutait mais on espérait quand même que non. Évidemment qu'on a eu peur courant mars devant sa tête de chienne battue, ses cheveux pas rincés d'un bain de boue et cette petite voix brimée tellement pas la sienne. Peur, et on se rassurait en se disant que les ravisseurs l'avaient fait réciter d'autorité. Mais au fond on se réjouissait de la trouver si indiscutablement mal en point. Cela confirmait, ô soulagement, qu'il y a des choses graves dans le monde et donc des hommes sérieux prodigues en actes conséquents, saloperies ou bonnes œuvres peu importe, au moins ils sont là, et nous on n'y comprend pas grand-chose, parfois même on se plaint qu'on ne nous consulte pas mais globalement ça nous arrange de savoir qu'il y a du monde là-haut, qu'il y a un pilote dans l'avion même si c'est pour bombarder un camp de réfugiés ou carboniser cinq cent mille Japonais. Le Mal c'est encore un principe d'ordre. Mauvais père mais père. Même mafieux ou purificateur d'ethnies, un père est toujours bon à prendre qui nous rassure les soirs d'orage, on n'en viendrait même à souhaiter l'orage pour le sentir nous rassurer, l'Histoire c'est créer la menace pour le plaisir de la protection, même mode d'emploi répétitif et inépuisable que le film d'horreur, Elle ne cessera jamais, Elle survivra à sa fin.

33'11"

Deux jours plus tard Elle glisse sur le contrechamp des yeux de prof qui interroge : *vous avez une idée ?* Ébauche d'interactivité avec l'assistance à qui elle ne laisse pas le temps de répondre *numéro 6, toilettes,* pressée qu'elle est d'en venir au fait du jour, à la grotesque euphorie de ze patron des pèlerins *Là, le bonheur. Il est en haut, il m'accueille. Vous voyez que j'avais raison !* triomphe-t-il *Maintenant c'est génial, vous êtes sur toutes les télés, on ne parle que de vous, c'est formidable, mon idée était la bonne. D'ailleurs il avait préparé des récompenses, donc à partir de là j'ai eu le droit de ne plus avoir les mains et les pieds liés... je garde le bandeau m'enfin... Donc il me dit voilà j'vous ai amené autre chose. J'entends quelqu'un qui porte quelque chose lourdement* L'hospitalité orientale. Pas comme chez nous complètement à l'ouest des vraies valeurs, tous égoïstes, tous reclus dans nos appartements informatisés, pas un qui s'enquière de la santé ou de la faim de son voisin, sauf l'Auvergnat qui sans façon m'a donné quelques bouts de pain et encore ça date pas d'hier, je vous parle d'un temps où régnait la : solidarité. Quand une tornade avait arraché la toiture d'un des villageois, on l'hébergeait jusqu'à la réparation, et quand sa fille de seize ans était aperçue chevauchée par un garçon dans la paille, on le lui racontait fissa afin que son martinet lui apprenne le soir même à aller se faire coller un bâtard dans le ventre. Seuls les gens de là-bas ont gardé ce sens de l'entraide. Là-bas est une contrée vaste qui s'étend à partir du sud de Madrid et de l'est de Bucarest capitale de la Lune *C'est le Coran en dix volumes. Alors j'lui rappelle que c'est une cave, il fait noir, bandeau…* il faut que j'te fasse un dessin bouffon ou tu comprends que je vais pas pouvoir le lire ton cadeau de trois tonnes ? Puis, imitant le saint patron dont la présente euphorie minimise une par une les contrariétés : *C'est pas grave ! vous l'amènerez à Paris !* oui oui bien sûr, et aussi le survêtement Titanic pour aller en boîte de nuit, et aussi le matelas chinois pour dépanner quand mon pire ennemi dormira à la maison *Donc alors là il est très content, il me dit voilà c'qui va se passer, c'est que ça a marché donc tout est bien, vous sortez dans une semaine. J'étais estomaquée. Au son de sa voix, à son contentement, à tout, je sentais que lui il y croyait, là il en était sûr, c'était bon. Alors moi aussi* rire-toux *Donc euh… il m'ramène à la cave j'étais euphorique, enfin façon de parler* Tout est dans la façon de parler.

34'33"

Donc euh… dans la cave Des euh sporadiques en lieu et place des raccords grammaticaux qu'elle a fait sauter en même temps que le train de l'Histoire, saboteuse de Bescherelle, plastiqueuse de l'écrit au nom du Mouvement de libération du français – MLF. Des euh que l'Éducation de jadis, à base de solidarité et de martinet, aurait eu vite fait de gommer. Elle n'a pas d'éducation, elle est une fille perdue par son époque jouisseuse, elle n'a rien gommé, rien retouché avec photoshop, édulcoré ni les poils sous les aisselles ni les avant-bras dans lesquels elle se mouche parfois, c'est une femme concrète, elle ne sort pas d'une de ces toiles où brandissant leur pinceau les peintres ont craché une idée de femme issue de leur braguette mystique. En plein milieu de la pièce de fin d'année, Juliette avait stoppé net l'élan de sa longue tirade plaintive, salué le public, disparu derrière la scène, et, je l'apprendrais plus tard, quitté dans la foulée le bâtiment de l'École normale supérieure sans même retirer son blanc costume d'Iphigénie retrouvé la semaine suivante sur une ligne à haute tension de la gare RER de Fontenay-aux-Roses. Bien avisé, le régisseur occasionnel avait aussitôt coupé les lumières pour faire croire à un entracte. Je m'étais précipité vers les sanitaires reconfigurés en coulisses pour y retrouver Jules totalement en colère et déchirant totalement sa toge d'Agamemnon. Les comédiens attroupés autour de lui proposaient de finir la représentation, lui les insultait en faisant valoir que comment voulez-vous qu'on continue sans le rôle principal bande de nases ? Il a répété bande de nases puis s'est levé, a donné un coup de pied dans un tuyau en cuivre, s'est lancé éperdu dans la direction du grand hall. Je l'ai trouvé enjambant sa 125 et écrasant le kick de toute sa rage pour la démarrer, taureau frappant le sable de l'arène avant l'assaut. Je me suis posé à l'arrière de l'engin sans bien comprendre le but de ma manœuvre. Il m'a dit qu'il ne voulait pas voir ma gueule, j'ai dit qu'il n'avait qu'à pas regarder dans le rétro. Il a dit que je n'avais pas de casque. J'ai dit que lui non plus. Il a dit qu'il allait la retrouver cette salope et fait vrombir son engin comme les voitures de La fureur de vivre avant leur course vers le précipice. Nous avons traversé la banlieue riche qui s'endormait dans le soir de mai. Je lui ai demandé de m'expliquer, mais le bruit de l'air me volait ses réponses, à chaque fois je le faisais répéter, ça l'a énervé et de sa poche de chemise il a extrait une lettre que j'ai dépliée.

Juliette y expliquait en une dizaine de lignes qu'elle ne trouvait plus compatible de coucher avec le type qui autobombardé metteur en scène ne cessait de l'humilier, soi-disant pour l'aider à sortir le meilleur d'elle-même. Que de toute façon elle ne se sentait plus d'être à la scène une petite fille soumise à son papa, ça lui rappelait beaucoup trop ce qui se passait à la ville. Qu'au moment où il lirait cette lettre elle viendrait de donner à la foule des étudiants un coup de théâtre dont elle n'était pas fière mais qui lui semblait salutaire. Qu'elle lui souhaitait de devenir un brillant philosophe et espérait sans y croire que l'examen des grands textes le guérirait de sa vanité. Glissant la feuille repliée dans sa poche, j'ai demandé à Jules quand et comment il l'avait trouvée. Il n'a pas répondu. Croyant que c'était encore l'air de face qui perturbait la communication entre nous, j'ai réitéré la question sans plus de succès. À la troisième tentative infructueuse j'ai compris qu'il se cousait la bouche pour me cacher qu'il pleurait. Peu après il a ralenti, s'est rangé sur le côté, a coupé le moteur *Euh... dans la cave j'attends une semaine, j'compte les jours. On arrive à 7, on arrive à 8, on arrive à 9, on arrive à 10, il est toujours pas là. À 11 il est là : Leila toilettes* Cette fois virgule mangée entre les deux lexèmes qui composent le gag, passer vite désormais, conformément au commandement numéro 3 de la nouvelle Table : tu cesseras d'exploiter un filon comique avant qu'il ne s'épuise lamentablement. Même ze boss elle ne s'en sert plus *Il me dit ça a pris un peu de retard.*

L'enthousiasme a déjà un peu fléchi. J'lui dis qu'est-ce qui se passe? Elle marque une seconde, prépare sa chute : *les portables marchent mal* dit-il *Bon*… Bon, ok, d'accord, laisse tomber, cherche pas à comprendre, t'acharne pas à décrypter son charabia. Qu'il te sorte de cette cave en se déguisant en panda s'il le souhaite – le panda vous sied à merveille mon oncle –, l'important c'est que tu retournes à la lumière *Il m'dit mais la semaine prochaine vous sortez, là c'est bon* À la lumière *La semaine passe, d'autres jours encore, et à la fin du mois de mars, puisqu'on est en mars déjà* Précis précis, la précision est le camp de rééducation du romanesque, le purgatoire du romantisme *il m'dit ben il va falloir changer de tactique. J'entendrai plus jamais dire le nom de Julia* Elle ne dit pas : cela prouve que les négociations avec Julia avaient échoué. D'autres le diront demain et plutôt mille fois qu'une, dans leurs journaux au comptoir dans les dîners en ville, peuple d'Historiens, peuple entraîné par l'Histoire dans sa chute. Elle n'analyse ni ne spécule. Elle dit ce qu'elle voit et entend, tout le reste elle s'en lave les mains qui demeurent sales. Tout le reste : merde de taureau côté axe du bien, merde de chameau côté axe du mal *Il va falloir faire autrement, ça va être long*, souffle Hadji dont l'opération promotion sur tous les fromages a échoué *Donc euh… j'suis redescendue dans la cave, et les choses*

36'

se sont un peu poursuivies telles que j'vous les ai racontées. Donc j'attendais et… les jours s'égrenaient comme ça… en petites choses De l'entité miraculeuse et exclusive nommée vie réelle, la petite chose constitue l'atome insécable. Dans ce même système, les grandes choses sont dites vues de l'esprit. Une fois copié ce théorème, vous noterez dans vos cahiers de texte faire en entier l'exercice 1 page 37, *en température qui monte de degré en degré parce que l'été arrive, donc il fait cinquante degrés, le type en face de moi a de plus en plus chaud et moi aussi. Et ça se poursuit ça se poursuit* ça se poursuit ça se poursuit ça se poursuit ça se poursuit *et là-dessus de plus en plus on me sort de la cellule et je comprends qu'il y a des négociations qui continuent. Il me dit c'est long mais vous sortez la semaine prochaine, et chaque jour, chaque fois que j'le vois en tout cas, c'est on sort de semaine en semaine. Alors il pose quand même des questions, et je sais qu'vous… que beaucoup de gens se les sont posées* Oreilles assistantes dressées à nouveau par la promesse d'un petit cachet de vécu, ils sont là à offrir des creux de bras pour s'en faire injecter une dose *Il m'demande est-ce que les gardiens sont gentils avec vous ? Alors on est embêté parce que lui il va rentrer après, et vous vous restez avec les gardiens. Alors vous cherchez le sens de la question, et le sens de la question c'est est-ce que ce sont des bons musulmans ? Et le sens c'était… y avait une connotation euh… il s'demandait est-ce que comme femme ils me manquaient de respect, c'était un peu le sens de c'qu'il voulait dire. Alors j'ai dit oui ce sont des bons musulmans, et c'était vrai, en ce sens-là c'était vrai* Exercice 1 page 37 : à votre bouche défendante vous devez aborder la question que tout le monde se pose, car n'en rien dire attiserait les spéculations ; il faut donc le faire sans le faire, comment faire ? Petit a, vous vous accompagnez à la harpe. Petit b, vous vous exprimez en roumain. Petit c, vous dites : il m'demande est-ce que les gardiens sont gentils avec vous ? Alors on est embêté parce que lui il va rentrer après, et vous vous restez avec les gardiens. Alors vous cherchez le sens de la question, et le sens de la question c'est est-ce que ce sont des bons musulmans ? Et le sens c'était… y avait une connotation euh… il s'demandait est-ce que comme femme ils me manquaient de respect, c'était un peu le sens de c'qu'il voulait dire. Alors j'ai dit oui ce sont des bons musulmans, et c'était vrai, en ce sens-là c'était vrai. Si vous avez répondu petit c, vous avez bon, vous avez réussi à dire sans solennité que vous n'avez pas été violée par les trois types en chaleur qui vous gardent ; réussi à recentrer sur vous tout en décentrant aussitôt, à ravaler l'information sitôt que projetée au-devant de vous, comme une langue de caméléon attrapant une mouche, comme une fille qui soulève et baisse d'un trait son tee-shirt pour exécuter a minima le gage de montrer ses seins. Ça, c'est fait. C'est dit. C'est plié. Affaire classée. Circulez, y a rien à savoir et tout à voir.

37'03"

Là-dessus, y avait les gardiens effectivement, c'était toujours un peu les mêmes hein, donc on reconnaît les voix, donc y avait trois gardiens d'après ce que j'ai repéré. Donc ils arrivaient le matin. Au début, euh, ils savaient pas trop comment faire Se gratte le nez avec le pouce *donc je voyais que c'était pas des professionnels, hein ?* Ton enjoué sur le hein ? avec visage relevé souriant pour prendre à partie l'auditoire, puis rire-nez genre vous voyez ce que je veux dire. Je veux dire que c'était vraiment pas des professionnels, mais alors carrément pas tu vois. C'était même des parfaits branques, à vrai dire. Des chômeurs du quartier à qui on avait promis une kalach' pour qu'ils n'hésitent plus entre ça et vendre en clandé des maillots rouges frappés d'un 7 au-dessus des lettres de Beckham, capitaine du FC Sunnite *et petit à petit j'ai vu des types qui étaient des… des gens normaux j'allais dire* Prétérition moderne : j'allais dire donc je ne l'ai pas dit mais quand même si. Façon de ne pas trancher la question de la normalité de ces types. Normaux parce que aussi paumés qu'elle et moi, aussi coincés dans cette difficulté d'être libre. Pas normaux parce que pas comme elle. Elle elle ne se serait pas pris un job dans l'Histoire, même sachant la conjoncture optimale depuis la piteuse déconfiture des tours jumelles *Je les ai vus devenir gardiens d'otages* On ne naît pas gardien d'otages on le devient. On ne naît pas homme on le devient. Quand on dit l'Histoire fait les hommes, au comptoir dans les journaux dans les dîners en ville, on ne croit pas si bien dire. Sous le couvert desdits hommes, universels et asexués et inexistants, chemine une vérité inverse : l'Histoire fait les mâles. Au départ il y avait des corps infinis, dotés chacun de deux vagins, trois bites, un petit lot de clitoris et quelques anus. Au départ, il y avait une joyeuse colonne de gens presque indistincts qui s'avançaient indolents avec des désirs de belles bagnoles, de patinage artistique, de peinture sur soie, de tour du monde à vélo, de charlotte aux fraises, de charlotte aux framboises, de charlotte à la banane, de glisser sur des peaux de banane, de fabriquer des usines à tendresse, de secrétaire national du parti socialiste, de foot américain, d'écrire des livres, de monter une boîte de rencontres sentimentales sur Internet et cætera enfin bref peu importe, toutes les envies du monde quoi. Ils s'avançaient comme ça en colonne et soudain une douzaine d'individus lestes et nerveux surgissent des frondaisons en bordure de chemin. Certains sont des cow-boys, d'autres des Indiens, d'autres des bandits de grand chemin médiévaux. On note aussi un Romain reconnaissable à ses cothurnes, un Roumain reconnaissable à son odeur de cave, et un narcotrafiquant colombien difficilement reconnaissable. On ne sait pas s'ils sont déguisés ou non, si ce sont des vrais, ni d'où ils sortent, de la cuisse de Jupiter ou du cerveau de l'Histoire. Ils peuvent avoir de dix à quinze ans, de quarante à cinquante ans, peut-être les deux à la fois. Barrant la route, ils stoppent net l'avancée de la désirante colonne qui s'est tassée dans son élan puis immobilisée. Alors un cow-boy, probable chef des embusqués, donne de la voix pour faire avancer les gens un par un, ordonnant à chacun de se placer ici ou là, à droite ou à gauche, et quand deux groupes suffisamment fournis se sont formés de part et d'autre, se tournant vers le premier il dit : vous on vous appellera des hommes. Vous aurez une verge et pas de vagin. Du poil sous le nez et pas de seins. Pas de clitoris mais un anus dont vous devrez faire un usage limité à la défécation sous peine de déshonneur. Vous serez des hommes, vous serez indignés révulsés scandalisés offusqués on ne saura pas trop de quoi et vous non plus, vous demanderez justice réparation on ne saura pas trop de quoi et vous non plus, vous crierez vengeance, vous crierez égalité, vous crierez en avant et marcherez sur les capitales, chevauchant les steppes les plateaux nordiques les Rocheuses les savanes la baie de Somme, fauchant l'herbe si ras qu'elle ne survivra pas à votre faux, brûlant derrière vous les terres afin de les rendre éternellement incultes, pénétrant de force les maisons et leurs occupantes, pillant les églises les mairies les restaurants universitaires les minarets, distribuant une partie du butin aux habitants du village prochain, entrant dans la capitale en chantant votre triomphe certain, tirant des coups en l'air depuis le pick-up où la sueur conquérante de vos frères d'armes vous galvanisera, usant de vos machettes pour découper votre viande et tronçonner des petites filles, attaquant des palais d'Hiver des Bastille des lieux de culte kosovars et serbes, investissant et dévastant le Reichstag le Kremlin le Capitole le Tibet le Cachemire le bunker de Yasser Arafat, décrétant le pain pour tous l'étoile jaune pour tous la fin de la guerre le début d'une autre, coupant des têtes, coupant d'autres têtes, et d'autres têtes encore, et aussi des têtes et cætera enfin bref peu importe des têtes quoi. Ayant dit, le chef des embusqués historiques se tourne vers l'autre groupe et ainsi parle-t-il : vous, vous serez des femmes, vous n'aurez pas de verge mais un clitoris pour qu'on l'excise. Pas de poil dans le nez mais des seins pour allaiter et faire bander et qu'on les lèche. Vous aurez des mains fines pour confectionner des paniers d'osier, vous transporterez ces paniers sur votre dos jusqu'à la ville, autant de paniers que possible, en usant s'il le faut d'une charrette que vous tracterez au moyen d'une corde passée comme lasso autour de votre taille. Arrivées en ville vous tendrez ces paniers au pied des échafauds et recueillerez les têtes tombant comme friandise à la bouche d'un distributeur. Il y aura beaucoup de friandises. Des têtes, d'autres têtes, d'autres têtes encore, et aussi des têtes et cætera enfin bref peu importe des têtes quoi. Il y en aura de toutes les races, de toutes les couleurs, de tous les âges, vous les prendrez dans vos mains sales, les passerez sous l'eau pour qu'elles puent moins, et aussi pour les identifier sous la couche de sang séché qu'il faudra récurer. Vous pourrez ainsi donner un nom aux morts, que vous écrirez à la craie sur la planche verticale qui indolente hérissera leur tombe. Parfois ce faisant vous identifierez votre fils votre frère votre mari, vous pleurerez et embrasserez ce front et cette bouche tordus par la panique de mourir, et vous l'enterrerez avec un peu plus de soin que les autres, vous vous en voudrez de ce traitement de faveur mais le légitimerez par l'amour dont il se nourrira. Un jour le frère du mort ou son fils ou son cousin découvrira la tombe et lui à qui vous aviez fait croire que son frère père cousin avait disparu à sa propre initiative mystérieuse un beau matin d'avril, lui entretenu dans l'ignorance par votre amour nourricier découvrira la vérité. Il vous en voudra de l'avoir trompé, il vous secouera par les deux épaules, il vous giflera pourquoi pas et comme il ne pourra quand même pas vous tuer, il imaginera passer sa colère en réclamant justice réparation, en criant vengeance égalité en avant puis il marchera sur les capitales, chevauchant les steppes les plaines les Rocheuses les savanes, fauchant l'herbe si ras qu'elle ne repoussera plus, brûlant derrière lui les terres pour les rendre éternellement incultes, pénétrant de force les maisons et leurs occupantes, pillant les églises les mairies les restaurants universitaires les minarets, distribuant une partie du butin aux habitants du village prochain, entrant dans la ville en chantant son triomphe certain, tirant des coups en l'air depuis l'arrière du pick-up où la sueur conquérante de ses frères d'armes le galvanisera, usant de sa machette pour découper sa viande et tronçonner des petites filles, attaquant des palais d'Hiver des Bastille des lieux de culte kosovars et serbes, investissant et dévastant le Kremlin le Capitole tous les bunkers du Tibet le Cachemire le Reichstag de Yasser Arafat, décrétant le pain pour tous l'étoile jaune pour tous la fin de la guerre le début d'une autre, coupant des têtes, coupant d'autres têtes, et d'autres têtes encore, et aussi des têtes et cætera enfin bref des têtes quoi. Vous sa mère sa sœur lui aurez dit qu'il ne faut pas, qu'il ne faut plus, qu'il faut que cela cesse un jour, que vous ne supporterez pas un nouveau deuil, que vous en mourrez. Il aura dit que oui bien sûr ma sœur ma mère ma marraine ma cousine, il comprend bien ce que vous lui dites, il ne faut plus de violence c'est sûr et d'ailleurs il n'y aura plus de violence après que lui et ses camarades copains compagnons compatriotes coreligionnaires auront obtenu justice vengeance égalité réparation effacement de leur dette d'électricité. Disant cela, il sera déjà debout sur son cheval ou à l'arrière d'un pick-up dégoulinant de sueur armée, tirant une salve pour marquer son départ en criant je n'aime que toi ma sœur ma mère ma marraine, c'est pour ton honneur que je pars réclamer notre dû, et vous sa mère sa sœur sa marraine, dans la poussière soulevée par les bêtes à moteur ou sans moteur, vous crierez qu'il n'a qu'à cesser les échafauds s'il veut votre bien, que bientôt il n'y aura plus assez d'osier pour les paniers où recueillir les têtes, qu'elles sœurs mères cousines n'auront bientôt plus assez de larmes à donner aux pauvres morts *Donc gardiens d'otages qu'est-ce que c'est ? C'est apprendre à arriver à pas de loup derrière vous pendant que vous buvez le thé le matin pour voir si par hasard vous soulevez pas le bandeau. C'est se mettre à côté de vous, donc vous voyez rien et puis* Elle va faire la scène, elle dans le rôle du gardien, et son boss Serge assis à côté dans son rôle à elle, et c'est pourquoi mimant elle dit *n'aie pas peur Serge*, complètement consciente de ce qu'elle fait, paradoxe du comédien, se transportant un peu là-bas dans la cave où pendant cinq mois elle ne s'est ni plus ni moins que mortellement fait chier, tout en restant bien ici, consciente de ses effets, jouant tous les personnages à la fois : otage numéro 6 ou Leila, otage numéro 5 dans une composition muette tout en nuances, ze boss formé à la plus grande vidéothèque de Bagdad, et en guest stars les trois Roumains, Riri, Fifi et Loulu dont une rumeur commence à insinuer qu'ils pourraient en réalité se confondre avec les trois gardiens et notamment celui-là qui adore s'asseoir à côté d'elle pour l'emmerder et qu'elle imite maintenant, faisant *pssst* comme il faisait tous les matins *vous savez que c'est lui mais vous savez qu'il vous tend un piège, qu'il veut voir si vous parlez avec le type d'en face, voir si vous allez dire, euh...* Maintenant elle reprend son propre rôle de numéro 6 ex-Leila buvant son thé, relève un bandeau invisible tout en se tournant à gauche, où se trouve supposément celui qui vient de lui faire psst pour *voir si vous allez dire Oui ? Quoi ?* exclamation qu'elle a retenue tous les matins de cellule mais lâche maintenant allègrement, avec la voix du déficient mental qui marche dans une ruse grosse comme une maison. Tu as vu là-bas le mammouth rose ? Oui ? Quoi ? *Donc petit à petit, la vie c'était ça aussi, c'était... avec les gardiens... comment on s'habitue les uns aux autres, ce genre de choses-là* Si chose peut désigner tout à la fois un sanglier et un violoncelle, genre de choses est un peu moins précis, qui recoupe en gros tout ce que la discrétion ou la courtoisie empêchent de dire. Et aussi tout ce qui a été si souvent entendu qu'émetteuse d'inouï elle préfère le taire. En l'occurrence elle ne fera pas étape à Stockholm, le syndrome vous n'attendez que ça mais je ne vous dirai pas comment peu à peu en effet j'ai senti que leur voix s'humanisait, comment j'ai compris qu'eux cette prison d'opérette ce serait toute la vie, toute leur vie à jouer cette pantalonnade d'être un homme, si habitués à ce rôle qu'incapables d'endosser d'autres costumes que le pantalon, et surtout la flemme de, la paresse de qui s'est bien gentiment aliéné et ne veut plus retourner à la liberté parce que c'est trop dur, se lever le matin et pas savoir quelle partition jouer parmi les quatre cent mille trois cent soixante-huit que propose le cerveau, charlotte à la pistache, charlotte à la mirabelle, charlotte au nutella, parmi la somme infinie de combinaisons de gestes et d'intonations mise à la disposition des gens et alors bêtement on préfère le confort comateux de n'être qu'un homme.

38'30"

Jusqu'au jour où, c'était y a dix jours maintenant : numéro 6, toilettes avec cette fois la dernière syllabe dans les graves. Elle sous-joue le gag courant, consciente que nous sommes dans sa déflation, que nous avons basculé au sommet et dévalons désormais le versant pas drôle de la répétition. Mais c'est aussi pour mieux informer que *là, pour la première fois exactement en même temps ils ont dit : numéro 5, toilettes* Cinq au lieu de six, attention modification dans l'inclinaison des atomes, il va se passer quelque chose, deux sonneries de téléphone, le répondeur se déclenche puis le bip invite Jeanne à parler oui c'est encore moi, tu sais la grosse lourde qui préfère la parole au silence, trop lourde la fille j'te jure. Bon, je vois que mon ultimatum a pas fonctionné. T'imagines, ça marche avec la Corée du Nord mais pas avec toi, c'est dire si t'es un mec solide, un cœur de pierre couillu, un Commandeur ouais. J'vois surtout qu't'en as rien à foutre d'être un pauvre type, c'est une belle leçon d'ataraxie. En même temps on n'est pas surpris, avec des mecs comme toi on n'est jamais déçu c'est ça qu'est bien, au moins on est sûr qu'on sera pas emmerdé avec la joie, l'harmonie, la complicité, tous ces virus qui persistent à mettre un peu de fluidité dans la vie, y en a déjà tellement de fluidité, c'est ce que j'dis toujours à ma sœur : oh la la toute cette fluidité, ça me donne envie d'un peu d'embarras, je me ferais bien une bonne grosse dose de gêne tiens *Donc on est montés tous les deux avec ce type qu'était en face et à qui j'avais pas le droit de parler depuis si longtemps* Donc je m'excuse de blasphémer ta religion de la passivité, et en plus je vais aggraver mon cas parce que j'ai encore un truc à dire, tu vas penser que ton répondeur pourri c'est pas vraiment le lieu mais chéri viens donc par ici et je te le dirai dans l'oreille le truc, c'est promis, même je te le soufflerai entre deux boutons de caleçon si tu veux, t'en fais pas les courants d'air risquent pas de t'enrhumer la bite, la pauvre. Enfin bref puisque je sais que par pudeur tu viendras pas – bonne raison de jamais rien branler, la pudeur –, je préfère te le dire dès maintenant *et en haut ils nous ont enlevé les bandeaux et c'était eux qu'étaient masqués, et il m'a dit regarde qui est à côté. J'ai regardé, c'était Hussein. Pendant tout ce temps il était à quatre-vingt-dix centimètres et je ne le savais pas* Sache donc que j'ai bien compris que je t'excitais pas, mec. Franchement tu crois qu'on fait pas gaffe à ce genre de choses ? Tu crois que je t'ai pas vu te palucher de la main gauche pendant que de l'autre tu me caressais ? T'aurais mieux fait de me le dire cash plutôt que de me ressortir le coup de l'autre nana, et que le ti'garçon est encore amoureux, et que le ti'garçon va quand même plaquer comme une merde la fille dont il est encore amoureux, et que malgré ça le ti'garçon peut pas coucher avec une autre avant douze ans de deuil. Deuil mon cul, moi j'ai connu des mecs beaucoup moins scrupuleux quand il s'agissait de coucher avec moi dans le lit de leur copine, ou de m'en virer quand elle finissait par arriver, et d'ailleurs ils avaient bien raison, à leur place j'aurais fait pareil *Donc dans cette cave il faisait noir tout le temps, et c'est vrai que même à l'heure des repas ils descendaient avec une lampe à pétrole, donc c'est pas ce qui permet le mieux de distinguer les choses. Hussein de toute façon avait une… vous avez vu sa photo… énorme moustache et la tête rasée, et là la personne que j'avais en face de moi, bon j'l'ai reconnue quand même, mais il avait plus de moustache et ils lui avaient plus rasé la tête, donc il avait des cheveux et plus de moustache* Ça va te trouer le cul j'te préviens, mais tu sais quoi ? je m'en fous de pas t'exciter. Enfin, j'te cache pas que j'aurais préféré te faire bander rien qu'en clignant des yeux, hein. Dignité féminine, tu sais c'que c'est. Et puis on espérerait des mecs à qui les filles drôles fassent pas immédiatement l'effet d'un glaçon sur les couilles. Bah, ça viendra. Deux ou trois siècles et ce sera résolu, d'ici là j'ai le temps de me prendre toutes les vestes que je veux. Et de pardonner à chaque fois, nous les poufs on a le pardon dans le sang, et puis on aime bien se faire pleurer ça aide. Parce que c'est pas votre faute après tout, c'est la faute à la gent, votre gent c'est plutôt les filles muettes qui lui dressent la queue. On n'y peut rien, il doit y avoir un calcul de la Nature dans tout ça, mais voilà monsieur s'affole, monsieur est contrarié de pas pouvoir me satisfaire, et même pire il est persuadé que je suis contrariée de pas être satisfaite. Mais faut calmer le jeu mon pote, faut pas se crisper comme ça, tu vas devenir tout rouge ça t'va pas au teint j't'assure. Si vraiment ça te travaille ces conneries, t'as qu'à passer te défouler avec une cruche avant de venir me voir, si tu veux je ferai pareil avec mon voisin, et comme ça après on pourra marcher tranquille dans la ville. Et va savoir peut-être qu'au bout de trois cents kilomètres de zigzag entre les horodateurs on tombera amoureux. L'amour, tu vois ou pas ? Enfin, c'est toi qui m'aimeras en premier parce que je suis super-aimable. Moi de mon côté je réserve mon pronostic, je me laisse encore un petit temps de réflexion pour voir si je peux aimer un connard. Allez à quand tu veux et sache que moi *Donc euh… pour la première fois depuis tout ce temps ils nous ont fait faire la dernière des vidéos ensemble. Donc dans l'inimitable style de la maison… donc je m'appelle Florence Aubenas et le message était sobre : I'm good* je suis bonne, je suis en bonne santé, je suis encore bonne pour un tour, un tour de manège de la vie, ils ne m'ont pas tuée, ils n'ont pas réussi à m'avoir, d'une flexion de genoux j'ai évité la mort qui me fauchait la tête *c'était ce qui est écrit sur le papier* mon destin est de vivre, c'est mon programme génétique, mon groupe sanguin, G ++++, I'm good, good, good, good vibrations prononcez à l'américaine et elle a raccroché.

40'2"

Donc là j'ai compris que peut-être cette fois-là on allait sortir. Et huit jours plus tard on a tous les deux pour la dernière fois été appelés : toilettes. Et quand on est arrivés en haut des marches, ils nous ont dit : today Paris prononcez à l'irakienne *donc on a su qu'on allait partir et là* je ne dirai pas le juron euphorique qui a ricoché dans les parois de mon cerveau, c'est inutile, les sentiments vont sans dire, seule la matière vaut toujours le coup d'être nommée *on est passés sans transition du jogging informe accroupis dans la cave… ils nous ont donné des nouveaux vêtements, donc j'étais habillée en tenue euh… telle que les Irakiennes sont habillées dans la rue, donc une espèce de grand manteau foncé et des sandalettes et un foulard sur la tête* Mains qui tracent les contours d'un invisible tissu bordant son visage *Hussein était en grande tunique blanche. Et on nous a tendu des chaises, alors au début j'me suis assise à côté mais c'était bien sur la chaise qu'il fallait s'asseoir,* enfin bref elle a feint de s'embrouiller dans leurs codes traditionnels aléatoires et réversibles. S'il se gratte le nez cela veut dire qu'il a envie de fruits de mer, par contre s'il se gratte le nez cela veut dire qu'il a envie de fruits de mer *Ils nous ont dit : du thé ? Puis quand on a eu fini notre thé, ils nous ont dit : encore du thé ? On était invités, d'un coup* Un coup on vous prive de soupe, un coup on vous en met une double ration. Jamais un coup n'abolira l'arbitraire de la dramaturgie historique. Un coup on vous soutire de l'argent, un coup *ils nous ont rendu nos affaires, donc mon sac à main, donc celui-ci* Elle se penche sur sa gauche pour puiser le sac à ses pieds qu'elle maintient deux secondes à hauteur d'oreille, s'amusant d'avance des flashes qui, intermittents depuis le début, lancent à ce moment un feu groupé qui fait la salle rire d'elle-même et du fétichisme coextensif à sa mythophilie. Elle rit aussi d'une toux *et dedans y avait tout, alors ils nous ont fait comme à la consigne des prisons et des théâtres : regardez, y a tout. Ils ont compté les billets et les dollars* Le lendemain de la soirée du 1er mai où je les avais présentés, Jules m'a dit je la sens pas cette Jeanne. Comment ça ? Je la sens pas, c'est tout. Ben explique. Je sais pas, elle est bizarre. Quoi, bizarre ? Elle arrête pas, c'est bizarre. Elle arrête pas quoi ? De faire son show. Tu veux dire de se montrer ? Oui, c'est insupportable. Mais drôle. Mais insupportable. Mais drôle. Mais insupportable. Tu le fais pas ton show toi ? C'est pas pareil. C'est vrai, c'est moins drôle. Tu rigoles ? Elle fait des imitations d'animaux, tu fais des imitations d'animaux toi ? Je suis sûr qu'elle est imbaisable. Et aussi des imitations d'actrices de cinéma. Elle est imbaisable, non ? Style elle prend un air hyper-inspiré regard vers le plafond et elle dit que les films c'est d'abord des rencontres. Elle est imbaisable, avoue. En plus elle raconte plein de trucs.

41’14”

Alors j’vais raconter un truc, j’espère qu’Hussein m’en voudra pas je parie que si *Dans un sachet y avait ma montre et mes boucles d’oreilles et dans un autre sachet y avait la bague d’Hussein et sa montre. Et puis Hussein me dit, on pouvait se le permettre : Florence, il faut leur laisser un cadeau* Elle mime d’abord la perplexité *Alors bon j’ai trouvé ça un peu… quand même…* Puis se fait une tête de ils s’emmerdent pas dis donc, une tête de faudrait voir à pas me prendre pour une dinde. Rire volumineux dans l’assistance, c’était prévu, c’est pour ça qu’elle rapporte cette anecdote plutôt qu’une autre, la juste appréciation de ce qui fera rire constitue au moins 76 % de l’opération comique *Il m’dit c’est la tradition* Si tu laisses un cadeau, c’est signe que tu en laisses un, si tu n’en laisses pas c’est signe que tu as envie de fruits de mer *J’lui dis j’veux pas l’savoir*, j’veux pas entendre parler des rites et des machins, et de la tradition millénaire de la prise d’otages transmise oralement et dont on trouve une première trace chez les poètes élégiaques du IIIe siècle, *moi c'est la première fois* que je suis prise en otage, c'est vrai c'est un péché, je m'en excuse, je viens d'un pays déraciné j'te l'cache pas Hussein, je suis une guenon dénaturée, toi ton truc c'est la tradition, moi bêtement c'est plutôt le nouveau en tant que nouveau tu vois la nuance ? *Il m'a dit moi j'leur ai laissé, à lui ma montre et à lui ma bague* alors c'est pas normal que c'est toujours moi qui dépense tout, si ça continue je vais le dire à maman et tu vas voir ta gueule à la récré *Y avait en effet deux gardiens ce jour-là* Un de plus et Bourvil aurait eu du mal à compter *Donc* continue-t-il *toi tu fais le contraire, tu laisses tes boucles d'oreilles à lui et ta montre à l'autre. J'ai dit ah non !* ça va bien maintenant les conneries *et il insistait donc j'me disais bon ben peut-être que ça veut dire autre chose on sait jamais*, peut-être que ça veut dire qu'ils vont offrir tout cet argent à une famille précaire de fruits de mer, dans ce cas on peut envisager de faire un petit effort *Il m'dit ils ont compté l'argent. Y avait, quoi, 180 dollars dans mon porte-monnaie.* À tout casser, fait sa mine *Il m'dit laisse-leur au moins l'argent* Re-tête de ben merde alors *C'est la seule fois où on a parlé d'argent, j'vous l'jure.* Elle lève les bras comme obéissant à une sommation de shérif, je n'ai pas d'armes, je ne cache rien, je n'ai pas la rançon sur moi elle est enterrée dans un cimetière sur la lune avec les Roumains et Julia qui a négocié le prix de la pierre tombale en la troquant contre un baril de lampes à pétrole *Donc quand même j'ai dit : ça fait cher*

Rire-gorge puis elle cherche comment mieux cristalliser en gag cette aberration et cela donne : *l'hôtellerie valait pas ça* Machine à blagues *Donc il insistait tellement j'ai fini par prendre les billets, le type les a pris, ils se sont parlé puis ils me les ont rendus. J'ai pas insisté, je les ai rangés dans mon sac* Voilà, insiste pas, cherche pas à comprendre, laisse-les pédaler dans leur semoule et fais la poupée tant qu'ils t'auront pas rendue à la lumière oh la lumière.

42'59"

Il est temps de raconter la libération *Là-dessus ils nous ont expliqué : le plan*, qui a consisté à déjouer les pièges successifs conçus par les hommes pour neutraliser les femmes, cette succession offrant au roman de l'Histoire un chapitrage banalement ternaire. Premier piège : la maison. Classique, frontal, premier degré, séquestration littérale, matérielle, pas besoin d'être bien maligne pour discerner l'embrouille. L'humanité advient, parmi quoi des femmes, à peu près la moitié du cheptel, et d'emblée la composante mâle constate avec horreur que leur corps déborde l'enclos dans lequel on comptait bien enraciner le troupeau. Aux fins de contenir ce prévisible débord, on construit des maisons et assigne les femmes à résidence par la marmite, le linge sale en famille, la glorification de la maternité, les lapidations. Cela dure longtemps. Longtemps longtemps longtemps. Si longtemps que ça dure encore ici ou là. Mais ailleurs qu'ici ou là, les femmes veulent sortir de la maison. Les hommes sont embêtés. Ils se grattent la tête, comme le chasseur dont le lion a snobé l'appât. Que faire ? ruminent-ils. On va quand même pas ouvrir les portes, elles au grand air c'est des coups à foutre le bordel partout si j'ose dire (rire gras) *Donc ça allait être très simple : j'étais journaliste, ça tombe bien, lui était traducteur, ça tombe bien. On allait être avec un chauffeur qui serait chauffeur. Et donc à tous les barrages on allait présenter nos vrais papiers, nos vrais visages et on pensait que finalement le système de contrôle informatique était pas encore au point et que donc… euh… personne n'y verrait que du feu. Et de toute façon c'est vrai qu'ici les prises d'otages de journalistes font beaucoup de bruit, alors que là-bas c'est vrai qu'ils ont d'autres soucis, y a des voitures piégées, y a des centaines de morts, enfin des centaines… des dizaines de morts par jour donc on y pense moins aux prises d'otages de journalistes et donc les gens n'avaient pas toutes les chances de percuter qui on était* Et là, idée. Géniale. Un peu celle du christianisme dont elle est une annexe, mais en plus ciblée. Les femmes veulent de l'espace ? On va leur proposer plus grand que l'espace, on va leur proposer l'infini. Sauf qu'on va le leur servir à la maison, l'infini. Sur un plateau-repas. Plus besoin de bon de sortie, on leur livrera à domicile cet infini à portée des canapés qui s'appelle l'âme. Voilà, c'est le deuxième piège : les hommes déjouent les envies d'envol des femmes en les lestant d'une âme. En les convainquant qu'elles sont : profondes. Qu'elles sont : abyssales. Que chacune d'entre elles sécrète une galaxie : spirituelle *Donc moi j'ai trouvé ça malin, j'vous l'dis bêtement, j'me suis dit oh ils sont forts quand même* C'est ainsi que les femmes vont commencer à s'introspecter. Promener leur oisiveté recueillie du salon à la chambre, de la chambre au salon, d'une tour à l'autre du château familial, sur le chemin brumeux qui depuis le cottage descend à la falaise. Se faire pleurer en écoutant de la musique triste. Consigner leurs rêves. S'adonner quotidiennement à la non-activité nommée mélancolie et consistant à poser le front sur une vitre de préférence pluvieuse et éventuellement mobile – train. Gratifiées, les femmes sont tombées dans le panneau en trompe-l'œil de la profondeur. Le chasseur de lionnes se frotte les mains. Pas peu fier d'avoir trouvé le bon deal, conçu un Yalta où tout le monde trouve son compte. Les hommes gouvernent la surface (du globe), les femmes sont ministres des affaires intérieures. Les femmes meurent de fièvre d'amour, les hommes racontent ce martyre sentimental dans des livres lus par des femmes aspirant à une passion aussi divinement mortelle. La nuque enserrée dans une paume, les femmes étirent leur langueur sur un sofa, les hommes les peignent ou photographient – Jules dit que l'élaboration de ce deuxième piège coïncide avec l'avènement de la photographie, remarque obscure mais sans doute pertinente car Jules est docteur en philosophie. Silence pour elles, parole pour eux. Au fond rien de nouveau dans la maison, à ceci près que les critères évaluatifs sont désormais inversés. Si jadis les femmes ne parlaient pas, c'est qu'on les considérait illégitimes ou tout simplement bêtes comme des pierres, l'un procédant de l'autre. Maintenant, elles se taisent toujours mais c'est parce que les absorbent de muettes méditations qui exprimées se dévalueraient, parce que issues du ciel les femmes ne sauraient compromettre dans une discussion terrestre les subtilités indicibles qui les travaillent à l'âme. Elles sont là, mutiques, dérobant à la situation leur regard rivé au vide, fumant des cigarettes fines dont les volutes en suspens figurent l'apesanteur de leur psyché. Leur silence est signe non plus de leur bassesse mais de leur définitive hauteur de vue – 5 à 6 000 mètres en moyenne. Tout bénef : démonstration d'intelligence sans avoir à l'attester, ce grâce au crédit qui, à l'ouest de Bucarest et au nord de Madrid, entoure l'invisible. Tout bénef, et c'est pour cela qu'on y est encore. Ici, là, partout. Cela pourrait durer sept millénaires, et même huit, et même neuf, et tiens pourquoi pas dix *Donc ils m'ont dit très bien, vous n'aurez pas les yeux bandés, rien* Mais voilà que d'aucunes font savoir qu'elles n'ont pas renoncé à parler. Et réclament qu'on satisfasse sur-le-champ leur unique doléance, car elles ne s'abîmeront pas plus longtemps dans leurs canyons internes. Soit, disent les chasseurs au cœur de lion. Vous parlerez. Mais par écrit si vous le voulez bien, et sans aborder des sujets sur lesquels il ne vous appartient pas de statuer. Dans des lettres à un destinataire virtuel, dans des romans murmurés comme au confessionnal ou bégayés comme sur un divan, vous exsuderez les mouvements intimes qui sont votre spécialité maison. Tope là, Yalta, elles s'en donnent à cœur joie. À cœur tellement joie qu'on y est encore, ici et là, partout, et que cela pourrait durer sept millénaires voire dix, le piège numéro 2 se survivant dans un plan B imparable *On a encore attendu.* Mais voilà que d'aucunes, encore elles, éternelles chieuses, insistent pour parler tout haut, et parler d'autre chose que du bidet en forme de chœur d'église qui meuble leur vie intérieure, posé entre l'œsophage et le pancréas. Enfin bref elles veulent parler quoi. Le chasseur se gratte le menton et un peu les testicules pour faire croire qu'on le prend au dépourvu. Il se doutait bien qu'il ne pourrait pas toutes les embrouiller, il la voyait venir la mutinerie des bavardes, il a donc eu tout le temps de méditer un troisième piège. Sans doute pas le plus retors – pour ça le collet psychologique est sans égal –, à coup sûr le plus indétectable tant il ressemble à une grâce, offrant aux intéressées exactement ce qu'elles demandent *Un nouveau thé* Vous voulez parler ? Eh bien parlez. Voici des tribunes dans les journaux. Voici des maisons d'édition qui ne se limitent pas aux écrits d'alcôve. Voici le vote, voici des sièges à l'Assemblée. Voici des nations à diriger, des palais de l'Élysée à conquérir, des entreprises à manager prononcez à l'américaine, des expressions managériales à prononcer à l'américaine, des festivals de la choucroute à déclarer ouverts, des conflits proche-orientaux à arbitrer avec une petite détente au piano prévue ce soir madame Rice, des séminaires universitaires à prendre en charge

Ils nous ont dit vous avez faim ? C'était rien de le dire. J'dis ouais j'ai faim ! C'était pas difficile, hein ? tous les jours, ou j'avais faim, ou j'étais malade. Là c'était un jour où j'avais faim Que demande le peuple des femmes ? Que pourrait-on lui offrir qu'on ne lui ait offert ? Le problème est réglé, moyennant la diffusion mondiale de sa solution. Bientôt toutes parleront, gouverneront, philosopheront, filmeront, démiurgeront, impulseront de grands chantiers esthétiques et sociaux et écologiques. Le progrès est indéniable. Ses effets, immédiats. Vérifiables. Les cerveaux des uns conjugués aux cerveaux des unes pulvérisent chaque jour le record de masse neuronale en activité à un instant T de la vie de la planète. Dossier classé, fêtons ça par une bonne bouffe mixte, avec plein de frites pour garnir comment dit-on déjà le mari de la poule *Donc ils nous ont dit bon on vous a fait du poulet, j'ai dit nooon ?! Il était grillé, ça faisait un moment, hein, qu'on en avait pas mangé du poulet grillé, ça faisait… à peu près cinq mois. Donc ils nous ont servi du poulet grillé* Or c'était aussi un piège. Le troisième et dernier en date, coulé dans le moule d'une époque caractérisée par l'apparent apaisement des dissensus. En prenant ce qu'on leur tendait et qu'elles avaient légitimement réclamé, les femmes sont tombées dans le piège de l'Histoire, dans le piège du masculin. Les hommes ont réussi à leur faire croire à ce à quoi, dépressifs définitifs, ils ne croient pas eux-mêmes, c'est-à-dire aux hommes. La gravité, le sens des enjeux, la solennité des gestions de crise sont des fuites en avant de l'incrédulité

Erreur des femmes : arriver à faire comme les hommes

avec laquelle les hommes s'appréhendent eux-mêmes. Et voilà qu'introduites dans les palais les femmes prennent très au sérieux cette mascarade du sérieux. Voyez-les, plus royalistes que le roi, plus républicaines que les républicains, très très responsables, très très très compétentes, offensives et tout, convaincues que le monde a un sens et une destinée dont elles sont comptables. Écoutez-les discourir, abstraites comme un philosophe idéaliste, jargonneuses comme un philosophe analytique, sibyllines comme un poète gnostique, précautionneuses comme un porte-parole de gouvernement, lénifiantes comme un haut fonctionnaire, solennelles comme un dépôt de gerbe, religieuses comme un ministre de la culture de Jean-Pierre de Gaulle, professionnelles comme un entraîneur de rugby moderne. Raides et irréprochables dans leurs bottes de décideuses. Non qu'il faille regretter, à l'unisson des braguettes mystiques, que le corps des femmes de pouvoir se couvre de stigmates virils. Si les hommes constituaient un modèle, il faudrait se réjouir que tout le monde l'épouse. Mais adoptant la geste masculine, les femmes redoublent un vide, pérennisent une imposture qui n'aurait bientôt plus trompé personne. On les a attirées sur la scène poussiéreuse du cabaret de l'Histoire et elles y donnent une seconde vie au répertoire de la vacuité masculine voué sans cela à finir en carton d'orgue de barbarie. Sérieuses à mort. Morbides à leur tour *Puis la voiture a fini par arriver* et d'aucunes, sempiternelles casse-couilles, ont senti que les freins du véhicule où on les invitait à monter d'une main de gentleman passée dans leur dos avaient été sabotés. Ont bien vu le danger de croire à la comédie qui se jouait au théâtre naphtaliné de l'Histoire. À terme elles deviendraient aussi cons que des hommes, c'était mathématique. Alors celles-là n'ont mis qu'un pied sur les planches. N'ont posé qu'une fesse sur les sièges à elles offerts. N'ont qu'à moitié philosophé, à moitié disserté, à moitié député, à moitié présidé les nations, à moitié Élysée. Elles ont pris une rêne de l'entreprise d'une main et se sont confectionné un collier de l'autre. Elles se sont enfoncées sur le continent de l'Histoire, mais en gardant un contact radio permanent avec leur base. C'était juste une escapade, elles ne s'attarderaient pas, elles seraient de retour le soir même promirent-elles en clignant d'un œil. Ce fut juste une escapade, elles ne s'attardèrent pas, le soir même elles étaient de retour avec des cadeaux pour leurs copines restées au poste : des pilules pour baiser autant qu'elles le voulaient, la possibilité miraculeuse d'avorter sans mourir, l'accès au moins principiel à tous les métiers, la possibilité au moins juridique de se faire moins tripoter au bureau et moins taper dessus à la maison, enfin bref peu importe on connaît l'histoire, rien ne fut négligé de ce qui pouvait élargir le possible aux dimensions de leurs désirs. Tout pour leur gueule. Égoïstes, et elles firent bien. L'Histoire, il faut y piocher et en tirer le meilleur pour soi. S'en servir sans en être, l'investir par brèves intrusions sans y faire allégeance *On a attendu encore un petit moment. Ils m'ont dit voilà on va vous bander les yeux, j'ai dit : et le plan ? Ils m'ont dit ah non, dans l'autre voiture seulement* Cette instrumentalisation bien comprise de l'Histoire s'appelle la politique. En marge de la scène Historique, dans le festival off de l'émancipation, les femmes font de la politique, c'est-à-dire : aménagent leur vie pour la rendre plus vivante *Ils nous ont bandé les yeux, j'étais tellement contente j'ai pas discuté* La politique telle qu'inventée par les femmes dépiégées, c'est l'Histoire moins sa mythologie, l'Histoire moins l'Histoire. Les hommes moins les hommes. Prenez un homme, videz-le de ses passions vaines, comme un cochon de ses viscères, n'en gardez que la forme, la silhouette, l'écrin cuirassé. Ça s'appelle la virilité et ça peut servir. Sur leur scène, la scène de la vie entrée en dialectique avec elle-même pour multiplier sa puissance, les femmes ont importé la virilité *On est arrivés dans l'autre voiture, et le type m'a dit si tu enlèves le bandeau, on te tire une balle dans la tête, j'ai dit bah et le plan ? Il m'a dit il a changé* Elles ont bien regardé les hommes agir, ont chipé les trucs qui faisaient crac boum hue et leur paraissaient nécessaires à leur popote perso. Se sont greffé un nombre raisonnable de centimètres de bite et ont laissé le reste à qui voulait. Pris au cow-boy son lyrisme sec, laissé sa terre promise. Laissé au footballeur l'hystérie, pris la juste économie de ses gestes. Laissé au politicien sa rhétorique de combat de coqs, pris la plasticité de ses discours. Pris la puissance, laissé le pouvoir. Laissé la conquête, pris le mouvement. Laissé la compétition, pris la performance prononcez à l'américaine. Laissé les rots, pris la trivialité. Pris les blagues racistes, laissé le racisme. Pris les blagues de cul, pris le cul. Pris les grimaces. Pris l'humour. Pris le micro *Donc le plan avait changé. Maintenant j'étais la femme du chauffeur, une dépressive. Et quand on m'adressait la parole il fallait qu'je pleure, c'qui évitait de répondre. J'ai dit bon très bien* En marge du xxe siècle où l'Histoire écrasait tout par grands bonds en avant, les femmes, cuisinant la virilité à leur sauce vitaliste, ont bâti en loucedé une cité au milieu de la cité. En marge du temps long et abstrait, elles ont réformé leur quotidien, déplié leur corps jadis reclus dans une malle de magicien à moustache beauf, déployé des fonctions cérébrales inédites, dessiné des fringues et tordu leur verbe au diapason des styles de vie qu'elles s'inventaient *Là-dessus, j'ai demandé mais alors si on me demande de descendre ? On m'a dit maintenant ta gueule, j'ai dit ok ok ok*, ok je discute pas mon oncle, je me tais, j'ai toute la vie pour consacrer ma victoire, consolider ma libération, faire entendre la langue que j'ai inventée, faire parler ma modernité – modernité façon de parler *Donc on a démarré et quand on a rechangé de voiture eh ben la voiture d'après c'était l'ambassade de France à Bagdad, donc voilà c'est un peu la chronologie* quarante-cinq minutes et quatorze secondes *de ce qui s'est passé.*

Ayant dit ayant fait, elle s'offre à répondre aux questions, puisqu'il le faut. Cette fois ses yeux parcourent longuement l'assistance dont un raccord arrière dans l'axe découvre quelques unités de dos, elle reléguée maintenant dans la profondeur de champ. Un peu sonnés par cet arrêt brutal, les assistants. Par l'absence de commentaire conclusif et la sécheresse du rapport de l'heureux dénouement.

Vont pas tarder à se remettre, t'en fais pas.

Vont revenir à la charge.

Chassez l'Histoire, elle revient au galop, depuis l'Asie et avec les sacoches du cheval pleines d'herbicide. Ils vont vouloir savoir – morbides. Les vingt-quatre heures avec la DGSE après le retour à Paris. Les circonstances exactes de la libération – il suffirait d'un lapsus pour qu'ils disent rançon. Les vraies conditions de détention – un chouia de lapsus et ils diraient Roumains.

Et paf ça ne loupe pas.

Première question, les Roumains. Ont déclaré qu'ils

ont passé un mois avec elle, et même qu'elle s'est comportée comme une grande sœur avec l'élément féminin – faible – parmi eux, et même qu'elle lui tenait la main quand elle pleurait, et même que voilà qu'est-ce que vous répondez à ça ?

Les assistants sont des professionnels. Ils ont enquêté. Fait leur job. Accompli leur mission. Trouvé des témoins décisifs. Apporté au dossier des pièces cruciales. Ils ont la science avec eux, comme Staline. Et la caution d'un homme issu de noblesse, Dominique de Villepin, qui ce matin même a remercié les autorités sises à Bucarest, Lune.

Elle est coincée.

Remise dans la cave.

Nez dans l'assiette de riz à nouveau.

Elle ne peut plus nier. Ne nie pas. Noie sa réponse dans un babil bégayant et approximatif qui n'est pas d'elle. Pour elle c'est terminé, elle ne fera pas de rappel. Elle a dit ce qu'elle avait à dire, fait ce qu'elle avait à faire. Spectacle court, c'est les meilleurs. Même pas la durée d'un film. Un téléfilm, et encore. Une sitcom. Montage différé, le cinéma prend en charge l'Histoire et les grands récits ; art du direct, la télé fabrique de la grâce en boîte, furtive et sèche et éphémère, parenthèse de possible sitôt refermée qu'ouverte. Je l'éteins d'un coup de télécommande, j'appelle Jeanne sit me down shut me up I'll calm down and I'll get along with you et rallume une demi-heure plus tard d'un coup de télécommande. L'antenne a été rendue au plateau du journal télévisé où des experts commentent la conférence de presse de Florence Aubenas, otage pendant cinq mois à Bagdad, capitale de l'Irak tombée aux mains des forces américaines. Il y a un politologue, normal. Un spécialiste de la diplomatie moyen-orientale, normal. Un psychologue normatif, normal. Qui explique d'une voix toute paternelle que, passé l'euphorie du retour, il y a de fortes chances qu'elle subisse un lourd contrecoup. Qu'en tout état de cause – il dit : en tout état de cause – on ne voit pas comment elle pourrait durablement se maintenir à un tel niveau d'équilibre psychologique. Tant de bonne humeur assurément cache son contraire ou l'augure. Tant de fraîche drôlerie couve une déprime.

Sale type.

Morbide.

Traqueur de pire.

Tout finit par des analyses.

Gueule de bois.

Tout ça pour ça.

De la confiture aux cochons.

Rien compris.

Rien vu.

Fermé les yeux bouché les oreilles pendant quarante cinq minutes et quatorze secondes.

Dormi exprès.

Morbide.

Ne veut pas voir la montagne de vie sur quoi bute sa science vaudoue.

le psy

Et la montagne à tête de souris s'en branle complètement qu'il ne la voie pas. Elle a dit ce qu'elle avait à faire, fait ce qu'elle avait à dire, là devant tout le monde, à l'attention de qui veut. S'ils n'ont pas vu, c'est qu'ils n'ont d'yeux que pour l'invisible – Histoire, dessous de, sens, profondeur. Rivés aux zones d'ombre, les pauvres, les vieux, les pauvres vieux, alors que pendant trois quarts d'heure un buste animé a porté à la lumière l'émancipation en cours ici et maintenant. Pendant quarante-cinq minutes elle a été la preuve vivante, complètement vivante, que du côté des gens, du côté des jours, des secondes, des choses, de l'atome, l'usine à vie tourne sans relâche. La preuve tangible, physique, que, commencée depuis toujours, découragée souvent, entravée parfois, accélérée depuis quelques décennies avec de loin en loin un coup de main de l'Histoire laïcisée en politique merci quand même la vieille, la preuve tangible et physique que la seule révolution possible, la permanente, la durable, la discrète, la douce et sûre, la quotidienne, la domestique, l'irrépressible pour toutes ces raisons, est en marche.

Ce qu'elle a dit et fait le 14 juin 2005, entre 16 heures et 16 h 45, est la preuve irréfutable qu'elles ont gagné.

Et d'autres preuves ambulantes circulent en ce moment, visibles si l'on ouvre les yeux, audibles si l'on tend l'oreille. Rien que dans ce petit pays-ci peuvent se croiser, cheminant parmi les gens, des milliers de preuves sur pattes qu'elles ont gagné. Elles ont gagné Aurélie Adler, Gaëlle Bantegnie, Sophie Brunn, Daphné Burki,

Héloïse Courty, Anaïs Croze, Yamina Daho, Camille Deslypper, Virginie Despentes, Karine Duchochois, Isabelle Duprez, Caroline du Saint, Julie Ferrier, Marina Foïs, Liane Foly, Florence Foresti, Lisa Friedlander, Marcela Iacub, Eva Joly, Sophie Joubert, Maylis de Kerangal, Yola Le Caïnec, Noémie Lvovsky, Patricia Mazuy, Isabelle Mesplede, Véronique Ovaldé, Nathalie Quintane, Marie-Caroline Saussier, Joy Sorman, Bénédicte Thiébaut, Stéphanie Vincent, Dominique Voynet, Nadine Zoard et les autres et les autres et les autres et cætera et cætera et cætera enfin bref peu importe nous avons gagné.

Composition Entrelignes (64).
Achevé d'imprimer
par la Nouvelle Imprimerie Laballery
à Clamecy en juin 2007
Dépôt légal : juin 2007
Numéro d'imprimeur : 706032

ISBN : 978-2-07-078472-1

Imprimé en France

150869